C H V

Mely Kiyak

Herr Kiyak dachte, jetzt fängt der schöne Teil des Lebens an

Roman | Hanser

Eine frühere Fassung des Buches erschien 2013
im S. Fischer Verlag. Für diese Ausgabe hat die Autorin
es durchgesehen und stark bearbeitet.

2. Auflage 2024

ISBN 978-3-446-27946-9

Umschlag: Designbüro Lübbeke Naumann Thoben, Köln
Satz: Satz für Satz, Wangen im Allgäu
Druck und Bindung: GGP Media GmbH, Pößneck
Printed in Germany

Herr Kiyak dachte,
jetzt fängt
der schöne Teil
des Lebens an

Man stirbt.
Man steht morgens auf, macht seine Arbeit und stirbt.
Man träumt, man stirbt.
Man gießt Blumen, geht einkaufen, schüttelt Decken aus
und stirbt.
Man liest. Man liebt. Man stirbt.
Vögel zwitschern, Narzissen springen mit einem leisen
Rascheln auf – was folgt, ist Sterben.
Zwecklos, sich damit anzulegen, man stirbt.
Man stirbt. Man stirbt.

Mein Vater geht wie eine betrunkene Ballerina. Weder trinkt er, noch kann er tanzen. Er versucht, beim Laufen einfach nicht umzukippen. Sorgfältig setzt er einen Fuß vor den nächsten und wedelt würdevoll mit den Armen, um sein Gleichgewicht nicht zu verlieren. Er weiß, dass ich so über ihn denke. Er lacht ja selber darüber.

Manchmal begegnen wir uns zufällig auf der Straße. Das freut mich natürlich sehr. Auch er ist überrascht, mich zu sehen, hebt die Arme und winkt weit ausholend mit den Händen. Auch das sieht komisch aus. Als würde er um Hilfe rufen. Ich schreie dann theatralisch: Halte durch, ich bin gleich da!

Wir bleiben stehen, fragen: Wo kommst du her, wo gehst du hin? Manchmal halte ich ihn dabei etwas fest. Er ist so klein, so dünn, so braun. Papa, sage ich, nicht dass der Wind dich wegweht. Wir umarmen und küssen uns, und jeder geht weiter seiner Wege. Jedes Mal, wirklich jedes Mal denke ich, wie oft wird er mir auf dieser Straße noch begegnen? Mein Vater. Der immer lacht, der immer schwankt. Der mit dem längsten Sterben der Welt. Der lebendigste Tote, den es je gab. Der, dessen größtes Verdienst es ist, dass er trotz allem lebt. Der, auf dessen Tod ich mich gründlich, aber vergeblich vorbereitet hatte. Mein Vater. Der leise weint und sehr viel lacht. Der sehr oft schweigt. Und gern erzählt.

*

Was ich jetzt verraten werde, ist überhaupt nicht exklusiv. Mein Vater hat Krebs. In diesem Moment könnten sich Tausende von Menschen in meiner Stadt, Hunderttausende in Deutschland, Millionen auf der Welt dazu stellen und sagen: Das Gleiche ist uns passiert. Genauso viele würden sich melden, wenn ich erzählte, jemand aus unserer Familie hätte Mukoviszidose oder Herzprobleme oder Bluthochdruck. Denn immer hat irgendwer irgendwas. Mein Vater hat Krebs. Ich habe es auch. Vielleicht mache ich die Krankheit meines Vaters zu meiner Krankheit, sein Schicksal zu meinem, weil ich nur einen Vater habe. Ich bin co-krank mit Co-Krebs.

Der Krebs ist reich an Details. Der Krebs ist ein Karzinom. Er kann schnell wachsen oder langsam. Er ist gut eingegrenzt oder nicht. Seine Zellen sind groß oder klein. So sitzt man mit anderen Verbündeten in der Krankenhauscafeteria und stellt Fragen, indem man Begriffe hin und her wirft. Karzinom? Kleinzellig? Ach so. Oje. Schlecht differenzierbar? Ach Gott. Ja dann, alles Gute. Und bei Ihnen? Was, die zweite Drainage? Das hatte mein Vater auch. Na, du liebes bisschen! Jetzt auch noch das Herz? Na dann, wird hoffentlich wieder. Manches wird übrigens wirklich wieder. Die Kontrastflüssigkeit im Computertomographen warf einen ungünstigen Schatten auf Vaters Leber, wodurch sich die arme unschuldige Leber eines weiteren Tumors verdächtig machte. Manches erledigt sich von selbst, andere Verdachtsmomente aber erhärten sich, werden real, sind da und egal, wie die Sonne steht, ihr Schatten bleibt und rückt nicht weg. Vater hat Krebs. Ich bin sehr traurig.

*

Auf der Stirn meines Vaters klafft eine Wunde. Es ist der Tag seiner stationären Aufnahme. Wir kommen auf dem großen Krankenhausgelände an und verstehen nicht auf Anhieb, dass es sich um zwei Grundstücke handelt. Auf den ersten Blick sieht es wie ein weitläufiger Park aus. Gepflegte Wege, geschwungene Linien, alter Baumbestand. Wir laufen an kleinen Backsteingebäuden vorbei, bis wir zu einem großen Gebäude gelangen. Dort erfahren wir, dass wir im falschen Krankenhaus sind. Ich halte Vaters Röntgenbilder in der Hand, sie liegen in einem Umschlag aus robustem Papier. Während mein Vater sich bückt, um seine Reisetasche hochzuheben, halte ich den Umschlag so ungeschickt, dass die scharfe Kante der Pappe meinen Vater in die Stirn sticht, gerade als er sich aufrichten will. Es beginnt sofort zu bluten. Mein Vater hat spätestens jetzt alles über. Schon auf dem Weg hierher blieb er einfach stehen und sagte: Wir kehren um. Ich war vollkommen verblüfft. Umkehren im Sinne von kehrtmachen? Umdrehen und in die andere Richtung gehen? Ich sagte: Lass es uns doch erst hier entlang versuchen. Mein Vater stand auf dem Weg und sagte: Wir kehren um. Ich fliege zurück in die Türkei. Ich insistierte: Quatsch, wir ziehen das jetzt durch. Wir benehmen uns wie erwachsene Leute. Mein Vater trottete missmutig neben mir her. Als ich ihm aber aus Versehen seine Stirn blutig aufreiße, hat er wirklich genug. Ich entschuldige mich immer und immer wieder. Dass ich ihm helfe und die Stelle abtupfe, lässt er nicht zu, weil er es nicht ausstehen kann, dass man ihm zur Hand geht. Dann zieht mein Vater sich in seinen Kokon zurück. Er entrückt sich derart, dass sogar seine Augen nach innen rutschen. »Er rollt schon wieder mit den Augen, lasst ihn in Ruhe«, ist so ein Satz, den man über meinen Vater sagt.

Am Morgen hatte ich im türkischen Radiosender ein altes Lied gehört, in dem Wolken am Himmel spazieren, ein leichter Regen fiel und die Kamille blüht. Es ist März, ich bringe meinen Vater ins Krankenhaus. Er lässt sich seine Tasche nicht tragen und sein Blut nicht abwischen. So laufen Vater und Tochter die Alleen entlang und sind beide unglücklich. So fängt dieser Tag im Frühjahr an. So schwermütig, wo Schwermut nicht meine Sache ist. So einsam, obwohl mir das Einsame nicht liegt. So vergeblich, obwohl Aufgeben nicht zu mir passt.

Das also ist seine Sehnsucht, denke ich über meinen Vater. In seinen Hasenfußmomenten will er in die Türkei abhauen. Jahrzehnte hat er in Deutschland gelebt. Wir laufen und ich begreife, mein Vater und ich, das sind zwei Länder. Er dort und ich hier. Wo gibt es denn das? Dass Vater und Kind nicht dem gleichen Ort entspringen. Was ist das für eine Perversität, dass Menschen ihre Länder verlassen müssen. Das alles geht mir durch den Kopf und vereinzelt mich. Ich sehe die anderen Patienten, die mit ihren Angehörigen im Park spazieren. Wahrscheinlich ermuntern sie ihren Kranken, Kopf hoch, bald bist du wieder zu Hause, und meinen damit alle das gleiche Zuhause. Die Prignitz, das Sauerland, den Teutoburger Wald. Nur unsereins muss sagen: Kopf hoch, Papa, bald bist du wieder in *deinem* Land. Was für eine überflüssige Einrichtung, das Reisen, das Verlassen, das Gehen. Von einem Ort zum anderen wechseln. Alle sollen gefälligst da bleiben, wo sie geboren sind. Dann wäre an diesem Märztag alles einfacher. Genau genommen hatte ich die Fremdheit schon, als ich mit meinem Vater eine Stunde in den öffentlichen Verkehrsmitteln saß. Wir fuhren durch die märkische Landschaft, deren herausragendes Merkmal das Nichts ist, und ich versuchte, ihn für eine Gegend zu begeistern, die mich selbst nicht begeisterte. Weißt du, es gab vor über hundert Jahren einen verrückten Schriftsteller, der ganze Bände mit Reportagen über diese Steppe füllte, sprach ich wie eine Reiseführerin zu ihm. Er hieß Theodor Fontane, seine *Wanderungen durch die Mark Brandenburg* stehen in meinem Regal, du hast es sicher gesehen. Mein Vater schaute durch die verschmutzte Scheibe der Bahn und sagte nichts. Was hätte er auch sagen sollen? Dass es ihn gerade nicht interessiert? Dass er seinem Flugticket hinterhertrauert, das ich eine Woche zuvor gegen seinen Willen storniert hatte? Ich log und sagte, dass wir alles Geld erstattet bekämen und dass die freundliche Frau von der Fluggesellschaft meinem Vater gute Besserung wünsche. Natürlich wünscht einem niemand gute Besserung und Geld gab es auch nicht zurück. Ich räumte den gepackten Koffer aus dem Blickfeld und begleitete Vater unter Protest ins Krankenhaus. Er war untröstlich. Untröstlich in der Bahn. Am Informationsstand des falschen Krankenhauses. Auf den geschwungenen Wegen. Untröstlich gefangen in sich selbst. Mit einer Wunde an der Stirn, die ich ihm zugefügt hatte, unwissentlich, unwillentlich, freiwillig alle Schuld auf mich nehmend, weil mein Vater schon genug Schuld für alles empfand. Später lese ich in der Krankenakte meines Vaters, er hätte »keine Abwehrspannung«. Ich lebe seit über dreißig Jahren in der Funktion Tochter an Vaters Seite. Dass seine Abwehrspannung von geringer Bedeutung ist, weiß ich, seit er mich zeugte. Hätte Vater eine kräftige Abwehrspannung, hätte er sich sein Flugticket genommen und wäre gegen den Rat seiner Ärzte in die Türkei geflogen, wo seine Liebste auf ihn wartet. Wie sonst könnte man sein halbes Leben in einem fremden Land leben, ohne je Anerkennung dafür bekommen zu haben? Wie wäre das gegangen – mit Abwehr? Ein Mensch mit guter Abwehrspannung hätte den Dienst quittiert. Hätte gesagt: Hier steht ein Mensch vor euch, ihr aber seht nur den Arbeiter. Der Vater aber blieb und arbeitete weiter und bat seine Kinder: Macht mir keinen Kummer. Selbst wenn wir ihm Kummer gemacht hätten, was hätte er mit seiner geringen Fähigkeit zur Abwehr dem entgegensetzen können? Was haben wir Kinder über unseren Vater gelacht, wenn er sich aufregte. Richtig ineinandergekrallt vor Lachanfällen haben wir uns, während mein Vater vor uns stand und meinte, einen auf bedrohlich machen zu müssen, um recht bald zu kapitulieren. Wir sind dann in unser Zimmer gegangen und haben den Vater nachgespielt. Wie er aufgebracht vor uns stand und sich aufregte und wir ihn baten, seinen Missmut auf Deutsch zu artikulieren, weil wir vorgaben, ihn nicht zu verstehen. Immer stand er wackelig vor uns und tat uns den Gefallen und fiel über die Silben. Wir konnten kaum an uns halten und gaben vor, ihm zu helfen. Wenn er sagte, ihr habt meine Gefühl …, erwiderten wir: Was denn, Papa, was haben wir deine Gefühl, sag es doch! Kaputt, stolperte mein Vater die Worte ab. Was, wir haben deine Gefühle kaputt? Kaputt was? Papa, das ist doch kein Satz, ihr habt meine Gefühle kaputt,

Papa, da fehlt doch das Verb. Papa, bitte nenn uns das Verb und wir werden dich demütigst um Verzeihung bitten.

Als wir endlich im richtigen Krankenhaus ankommen, sind wir irritiert. Denn was kann man von einem Krankenhaus erwarten, das aus drei Knusperhäuschen besteht? So sieht doch keine Spezialklinik aus! Wo die Aufnahmestation neben dem Krankenhausbistro liegt. Wo man freundlich begrüßt wird, als checkte man in einem Hotel ein. O Gott, bitte mach, dass hier Menschen arbeiten, die in Chicago, Tokio oder London studiert haben, murmele ich. Kann es ausgerechnet in der Mark Brandenburg international anerkannte Lungenspezialisten geben? Wieder spreche ich meinem Vater Mut zu: Schau mal, Papa, wie übersichtlich, und wie gemächlich und würdevoll der Arzt eben über den Rasen geschritten ist. Und innerlich denke ich, ein Arzt, der nicht rennt, ist doch kein Arzt. Das sind wahrscheinlich Ärzte aus dem Osten. Na ja, vielleicht hat man Glück und gerät an eine ungarische Koryphäe, hoffe ich. Die Frau in der Aufnahme fragt: Was haben Sie denn da an der Stirn? Nichts, sagt mein Vater. Soll ich mal schauen, ob ich ein Pflaster habe? Ach was, sagt mein Vater, hier gibt es sicher schlimmere Fälle als mich. Das hoffe ich sehr für Sie, sagt die Frau, und lächelt ihm freundlich zu. Hoffnung muss man immer haben, sagt mein Vater. Das sehe ich genauso, flirtet sie zurück. Sie bittet meinen Vater um eine Telefonnummer für »dringende Fälle«. Er diktiert ihr seine Telefonnummer. Ich mische mich ein und kläre ihn auf: Papa, sie meint das anders. Es geht darum, dass man jemanden aus deiner Familie erreichen kann, falls mal etwas sein sollte, du weißt schon. Ach so, sagt mein Vater und fällt wieder in sich zusammen. Der kurze

Moment der Leichtigkeit ist verflogen, als ich meine Handynummer, meinen Namen und meinen Verwandtschaftsgrad angebe. Sollte mein Vater sterben, werde ich diesen Tag nicht vergessen, der Tag als ich ihn verletzte, nicht im Sinne von »Gefühl kaputt«, sondern in echt, mit Blut an der Stirn. Der Tag, als das Krankenhaus mich um meine Telefonnummer für dringende Fälle bat, wobei man sich den Plural hier sicher sparen kann, denn ein Mensch stirbt nur einmal im Leben. An diesem Märztag, der mit einem Lied über die Wolken begann, ging ich mit meinem Vater und seiner blutenden Stirn ins Krankenhaus. Dank seiner fehlenden Abwehrspannung erreichten wir unser Ziel.

*

Ich begleite meinen Vater in das erste Krankenzimmer seines Lebens. Seine Tasche trägt er selbst. Wir rechnen mit maximal drei Tagen Aufenthalt. Er solle sich, so befahl es die Krankenschwester, in seinem Zimmer aufhalten und den Arm freimachen, damit der Arzt gleich die Kanüle legen könne. Wir gehen davon aus, dass es sich um Minuten handelt. Wir beeilen uns. Mein Vater legt die Tasche neben das Bett, macht den Arm frei und setzt sich auf die Bettkante. Die erste Stunde, es ist noch Vormittag, sitzt er reglos da. Die zweite Stunde, ich habe ihm die ganze Zeit zugeredet, lehnt er seinen Kopf wenigstens aufs Kissen. Am Mittag sitzt er immer noch so da. Den Kopf am äußersten Zipfel des Kissens. Die Schuhe hat er immerhin ausgezogen, manchmal hebt er das Bein und legt es kurz auf dem Bett ab, um es sofort wieder von der Bettkante baumeln zu lassen. Es ist wie ein Wettkampf. Nicht liegen wollen. Nicht ankommen.

Gegen Nachmittag fängt mein Vater an zu husten. Er hält sich ein Taschentuch vor den Mund. Als er nach Luft röchelt, sehe ich, dass aus seiner Faust rot gefärbtes Papier herausschaut. Er läuft zum Waschbecken und kann das gleichzeitige Husten mit dem Luftholen nicht koordinieren. Aus seinem Mund läuft eine Mischung aus Spucke und Auswurf. Alles rot. Ich laufe auf den Flur und schreie: Mein Vater erstickt! Mein Vater spuckt Blut! Ich schreie, so laut ich kann. Dann geht alles sehr schnell. Der Arzt kommt, die Krankenschwestern tupfen, Kanülen werden gelegt, Vater kriegt Sauerstoff durch die Nase, Plastikbecher werden unter seinen Mund gehalten, der Auswurf muss sofort ins Labor, und dann endlich, nach Stunden, legt mein Vater sich auf das Bett. Lang ausgestreckt. Die Arme über dem Bauch gefaltet. Aus kurzen Atemzügen werden lange Atemzüge. Innerhalb weniger Stunden ist aus meinem Vater, der eben noch laufen konnte, ein Blut spuckender, fiebriger, bettlägeriger Mann geworden. Seine Tablettenbox wird mit Pillen gefüllt. Das Abendfach quillt über. Auch im Nachtfach liegt eine Pille. Aus meinem Vater, der morgens unter vitalem Protest ins Krankenhaus begleitet wurde, aus meinem Vater, der seine eigene Tasche tragen konnte, ist ein Kranker geworden, der nicht einmal mehr nach seinem Wasserglas greifen kann. Und das nur, weil wir ein Krankenhaus betreten haben. Für meinen Vater ist es das erste Krankenzimmer seines Lebens. Ich gehe raus auf den Gang und sehe, mit wem wir es hier zu tun haben. Patienten, die nach zwei Schritten auf ihren Rollatoren zusammenbrechen. Menschen, die sich wie verrückt schwitzend an Handknäufen festhalten. Menschen, denen aus dem Kehlkopf Röhrchen und aus den Trainingshosen Zigarettenschachteln herausschauen und die beim Sprechen klingen, als würden sie durch Blechkannen sprechen. Ich gehe zurück ins Zimmer. Mein Vater liegt immer noch so, wie ich ihn verließ. Aus dem normal sprechenden Mann ist ein Flüstermann geworden.

Papa?

Geh nach Hause.

Ich bringe dir ein Kissen.

Geh nach Hause.

Ja, ich fahre nach Hause. In zwei Stunden bin ich zurück. Mit dem Kissen.

Geh nach Hause.

Ist gut. Ich fahre los.

*

Meine erste Erinnerung an meine Heimatstadt Kiği
ist zwei Zentimeter lang und hier über meiner Augen-
braue. Mit drei Jahren fiel ich vier Meter tief in den
Fluss, als ich die Brücke über den Murat überquerte.
Ich verlor viel Blut und musste genäht werden. Sie
brachten mich zu einem Veterinär. Der hatte nur Faden
für eine Kuh, nicht für ein Kind. Der Veterinär schickte
uns zum Zahnarzt, der nähte mich dann zu. Willst du
wissen, wie der Murat-Fluss klang? Wie der Maschinen-
raum der Fabrik, den ich zwanzig Jahre später in

Deutschland betreten sollte, schschsch, schschsch, schschsch …

Im Frühjahr konnte man den Murat nicht überqueren – so viel Wasser war drin. Dann bauten sie den Staudamm in Elazığ und das Wasser wurde umgeleitet. Wenn sie es brauchten, öffneten sie die Klappen und ließen das Wasser zufließen. Zu deiner Zeit war es ein ausgetrockneter Fluss. Zu meiner Zeit floss das Wasser im Überfluss.

Du kennst doch diese kleinen Schildkröten, ich aber kenne noch große. So groß wie zwei Wassermelonen aus Diyarbakır. Wir teilten uns mit den Schildkröten den Murat. Während sie sich am Ufer sonnten, gingen wir ins Wasser. Wenn wir fertig waren, kamen die Schildkröten dran und schwammen eine Runde.

*

Zu Hause angekommen werfe ich alles ab. Schuhe, Tasche, Schlüssel. Ich laufe in mein Schlafzimmer. Nehme eines der Kissen, die mit Getreide gefüllt sind. Nehme einen dicken Leinenbezug, ohne Stickerei und Bordüren, damit es beim Schlafen nicht drückt. Beziehe das Kissen. Nehme den Marktkorb. Lege das Kissen rein. Gehe ins Badezimmer. Nehme alle Waschlappen auf einmal und halte meine Wange daran. Welche sind am weichsten?

Gehe in die Küche. Packe ein paar Oliven und eingelegte Peperoni ein. Setze Kaffee auf, lasse ihn durchlaufen, fülle ihn in die Thermoskanne um. Lege alles in den Korb. Gehe durch die Wohnung. Schaue mich um. Was könnte er brauchen? Was würde helfen? Ich ziehe meine Schuhe an, schaue in den Spiegel, lege Parfüm auf, ziehe meine Lippen nach. Sie sollen im Krankenhaus über uns sagen können, was sie wollen, aber nicht, dass wir uns gehenlassen.

Ich fahre los. Der Verkehr ist wie immer nervtötend um diese Zeit, ich denke, maximal drei Tage, so sagten sie im Krankenhaus, also merke ich mir keinen Strauch, keine Kurve, keinen Blitzer. Weshalb auch? Drei Tage. Maximal.

Ich stelle Oliven, Peperoni und Kaffee auf den Tisch im Krankenzimmer und lege das Kissen in Vaters Bett. Mein Vater und sein Bettnachbar Adam haben sich einander schon vorgestellt. Der ziemlich mollige Mann trägt einen Kaiser-Wilhelm-Bart, dessen geschwungene Bartspitzen Richtung Ohren zeigen. Seine Haut und seine Haare sind ganz weiß. Adam erzählt, dass er zu DDR-Zeiten Zirkuskoch war. Und zählt auf, was er für die Artisten gekocht hat. Gulaschsuppe. Bohnensuppe. Sauerkrautsuppe. Mein Vater kommentiert: Gulaschsuppe, kenn ich. Bohnensuppe, kenn ich. Sauerkrautsuppe, kenn ich. Alles, was Adam sagt, ergänzt mein Vater durch: Kenn ich.

Käsekuchen gibt es heutzutage keinen guten mehr, sagt Adam.

Meine Tochter macht guten Käsekuchen, sagt mein Vater.

Es gibt nur schlechten Käsekuchen, sagt Adam.

Schlechter Käsekuchen? Kenn ich.

Guten Käsekuchen gab es früher, bei *uns*.

Meine Tochter macht guten Käsekuchen.

Nee, guten Käsekuchen gibt es keinen mehr.

Komisch, denke ich, warum sprechen sie nicht über ihre Krankheiten? Mein Vater wäre eben fast abgenippelt und der andere sieht auch aus, als stürbe er gleich.

*

Gegen Abend kommt eine Ärztin und klärt meinen Vater auf. Sie werden eine Bronchoskopie durchführen. Dazu werden sie Vater eine örtliche Betäubung geben und mit einem Schlauch durch die Luftröhre eine Gewebeprobe aus seiner Lunge entnehmen. Diese Probe werden sie untersuchen, um herauszufinden, was es mit der hartnäckigen Lungenentzündung auf sich hat. Ich denke, es handelt sich um eine Entzündung, bekräftigt die Ärztin. Am gleichen Abend besorge ich Vater eine Chipkarte, mit der er in der Klinik Radio, Fernseher und Telefon benutzen kann. Ich habe die Wahl, seine Guthabenkarte mit zehn, zwanzig oder fünfzig Euro aufzufüllen. Ich nehme den mittleren Betrag. Maximal drei Tage. Bevor ich nach Hause fahre, gehe ich in den Supermarkt bei mir um die Ecke, der neuerdings bis Mitternacht geöffnet hat. Ich kaufe Eier, Quark, Zitrone. Ich backe einen Käsekuchen. Anschließend lege ich mich ins Bett. Hätte eigentlich einen Text schreiben müssen. Hätte meine Familienmitglieder anrufen und informieren können. Auf dem Anrufbeantworter bittet mich mein Lieblingsonkel, Papas jüngster Bruder Arif, ihm die Telefonnummer mitzuteilen, unter der er meinen Vater im Krankenhaus erreichen kann. Ich schlafe ein.

Am nächsten Morgen rufe ich meinen Vater an. Seine Stimme klingt, als hätte er eine Wäscheklammer auf der Nase. Er stammelt. Ich lege auf, ziehe mich sofort an und fahre los. Ich schaffe es, in dreißig Minuten anzukommen. Er liegt im Bett und ist erschöpft. Er sieht besser aus, als er klang. Ich begreife jetzt erst, dass es sich um eine Untersuchung handelt, die anspruchsvoller ist als eine Blutabnahme. Ich fülle für meinen Vater den Speiseplan aus. Ich weiß, dass er lieber Nudelsuppe als Pfannkuchen mit Kompott isst. Ich mache die Kreuzchen so, dass in den Menüs genügend Salat und Gemüse auftauchen. Einmal gibt es Bratwurst mit Kartoffelbrei und Sauerkraut. Da wird er sich freuen, denke ich. Für Frühstück und Abendessen kreuze ich alles an, was man ankreuzen kann. Butter, Schmelzkäse, Aufschnitt, Scheibenkäse, Graubrot. Im Frühling isst mein Vater Petersilie, Rucola und Frühlingszwiebeln zum Frühstück. Frische grüne Peperoni und Oliven. Im Herbst isst mein Vater Walnüsse und Pflaumenmarmelade. Wenn er in Deutschland ist, beginnt mein Vater seinen Tag gerne mit »Tamara Sauerkirsche«. Tamara ist Vaters deutsche Dauergeliebte. Es gibt sie nur im Aldi. Abends isst er warm. Auf Suppe folgt ein Hauptgericht. Immer gibt es auch einen Salat. Nach dem Essen einen frischen schwarzen Tee. Und dann eine Frucht. Im Sommer Melone. Im Winter Trockenfrüchte. So ist es der Vater gewöhnt. Wo kann man das ankreuzen?

*

Am Nachmittag komme ich wieder. Mein Vater und Adam trinken Kaffee und essen den Käsekuchen, den ich am Morgen mitgebracht habe.

Und, meine Herren, schmeckt es?

Schmeckt!

Schmeckt!

*

Ich will meinen Vater überreden, dass wir außerhalb des Krankenhausgeländes spazieren gehen.

Das darf ich nicht, gibt mein Vater zu bedenken.

Natürlich darfst du. Ich bringe dich wieder zurück.

Der Arzt kommt vielleicht.

Vielleicht gegen Abend, hat die Schwester gesagt.

Vielleicht kommt er früher.

Macht nichts. Dann bist du eben nicht da.

Ich soll Adam Zigaretten bringen. Ernte 23.

Was hat er?

Krebs. Hat überall ausgestreut.

Du meinst, er hat Metastasen?

Ja, überall.

Was meinst du mit »überall«?

Mein Vater zieht einen Kreis über seinen Bauch.

Welchen Krebs hat er?

Weiß ich nicht. Wahrscheinlich Lunge. Er ist eigentlich herzkrank. Der Arzt war heute früh da und hat gesagt, sie können nichts mehr machen.

Nichts?

Nichts.

Warum ist er dann da?

Weiß ich nicht. Der Arzt hat gefragt, ob er es seiner Frau erzählen will oder ob der Arzt es machen soll. Adam hat gesagt, bitte noch zwei Tage warten.

Warum zwei Tage?

Weiß ich nicht.

Lass das lieber mit den Zigaretten.

Nein, ich habe es versprochen. Heute früh hat er Weinbrand getrunken.

Wo gibt es so etwas?

In der Patientenkantine.

Hast du nicht gesagt, lass das mal lieber sein, Adam?

Doch, habe ich. Ich habe gesagt, warte, bis ich die Zigaretten bringe, dann schmeckt es besser.

Mensch, Papa, du bringst den Mann noch um. Komm, zieh dich an, wir gehen raus und du erzählst mir eine schöne Geschichte.

*

Meine Mutter stammt von den Lolans. Die Lolan-Sippe kam aus dem Norden Iraks. Meine Urahnen väterlicherseits hatten vier Söhne. Jeder von ihnen ließ sich auf einem anderen Hügel nieder. Sie gründeten Familien. Einer hieß Xeramen, die anderen Şırnan, Cafran und Hüsenler. Diese vier Männer waren grobe Leute. Augen schwarz wie Oliven, sie nahmen es mit jedem Bären auf. Was also taten die Dorfvorsteher, die Ağas, in diesen Dörfern? Sie sagten sich, wir haben die Wahl. Wir machen sie zu unseren Freunden oder wir kämpfen gegen sie. Sie entschieden sich dafür, den Kerlen ihre Töchter zu geben und Verwandtschaft untereinander zu knüpfen. Sie schlossen sich zusammen. So wie es die europäischen Königshäuser auch machten. So entstand die Xeramen-Sippe, die Cafran-Sippe, die Şırnan-Sippe und die Hüsenler-Sippe. Die Ağas benutzten die neuen Familienmitglieder als Kämpfer. Die starken Kerle waren skrupellos. Es hieß, wenn sie schießen, dann schießen sie, selbst wenn sich ihnen ihr eigener Vater in den Weg stellt. Kennst du diese mexikanischen Filme mit den Cowboys und ihren Hüten? Aus so einer Familie stammst du. Wir waren die Mexikaner Anatoliens, die Cowboys aus Bingöl und Umgebung.

In einem Dorf bei Karlıova spazierte eines Tages mein Großvater mit drei Kerlen aus seiner Sippe ein. Sie wollten gemütlich ein paar Ziegen, Kälber, Lämmer und Schafe rauben. Oberbefehlshaber der Truppe war mein Großvater, weil er der Älteste von ihnen war. Sie sahen die Hirten auf den Hügeln, hielten sie fest und banden die armen Jungs an einen Baum. Einer der Burschen wollte rasch das Vieh zusammentreiben. Nein, sagte mein Großvater, so nicht, sie einfach mitzunehmen wäre Diebstahl, das ist feige, so machen wir es nicht. Wir schicken einen der Hirten ins Dorf, der sagen soll: Die Xeramen sind da und nehmen das Vieh mit. Nein, das geht nicht, versuchten die Kumpel meines Großvaters, ihn umzustimmen. Was soll denn das bringen? Wir sind bloß zu viert, im Dorf leben mindestens zweihundert Menschen. Wir haben doch schon Mühe, die Tiere heimwärts zu treiben, wie sollen wir denn gleichzeitig schießen? Nein, sagte mein Großvater, es einfach mitzunehmen ist unmoralisch. Sie banden einen der Hirten los und trugen ihm auf, im Dorf die Kunde zu tun, die Xeramen sind da und nehmen die Tiere mit.

Die alarmierten Männer des Dorfes griffen ihre Waffen und rannten den Räubern hinterher. Die hatten mit den Ziegen und Schafen bereits den Rückweg angetreten und fingen an, sich ab und an umzudrehen und zu schießen. Die Frauen des Dorfes liefen mit Wassereimern ins Kriegsgelände, um die Krieger abzukühlen und ihre Wunden zu versorgen. Mein Großvater legte sich auf den Bauch ins Gras und schoss munter drauflos. Einer seiner Kumpane sagte: Stell dich doch wenigstens hinter einen Baumstamm, damit du vor den Kugeln geschützt bist! Halt die Klappe, rief mein Großvater und eine Kugel traf ihn. Nun hatten die anderen drei Burschen auch noch den zerschossenen Kerl am Hals. Einer nahm meinen Großvater auf den Rücken und die anderen hielten das Vieh zusammen. Hin und wieder zielte mein verwundeter Großvater auf gut Glück rückwärts und traf einen aus der Gegenpartei. Die Kriegsbeute gelangte bis auf den angeschossenen Räuber gesund über Karels Ländergrenzen. In Karel sprach es sich wie ein Lauffeuer herum, dass die Xeramen das gesamte Vieh aus dem sunnitischen Dorf herausgeholt hatten. Natürlich machten sich alle über meinen verwundeten Großvater lustig: Mein Großvater verlangte nach Wasser. Sie gaben ihm das Wasser nicht. Du wirst sterben, wenn du das Wasser trinkst, sagten die Dorfbewohner. Gebt mir Wasser, sagte mein im Sterben liegender Großvater, der selbst in seiner letzten Stunde so furchteinflößend war, dass sich ihm niemand widersetzte. Er trank das Wasser, machte einen kräftigen Rülps, sagte *»Goodbye«* und starb.

Natürlich glaubst du mir wieder nicht, dass er *»Goodbye«* gesagt hat. Aber so war es!

*

Mein Vater spuckt kein Blut mehr. Offenbar hatte er sich so aufgeregt, dass er sich beim Husten die Schleimhäute verletzt hat und deshalb blutete. Das Essen schmeckt ihm. Meinen Käsekuchen hat er voller Stolz seinem Bettnachbarn präsentiert. Er hat jetzt mich und meinen Kuchen zum Angeben. Adam hat nach mehrmaligem Fragen zugegeben, dass ihm der Kuchen schmecke. Allerdings meinte er auch den Grund zu kennen. Weil drei Kilo Quark drin seien, damit sei es schließlich keine große Kunst, einen Käsekuchen zum Schmecken zu bringen. Mein Vater pflichtete kennerhaft bei: Ja, drei Kilo Quark. Ich wollte die beiden nicht durcheinanderbringen. Im Kuchen ist bloß ein Pfund Quark. Ich habe ein gutes Gefühl. Ich fahre nach Hause.

*

Vater ruft an.

Keine guten Nachrichten, Tochter.
Was denn, Papa?
Doktor Visite sagt Krebs.
Krebs?
Krebs.
Ganz ruhig, Papa. Bist du sicher, dass du das richtig verstanden hast?
Karr-si-nomm.
Karzinom? Ist das Krebs?
Wann kommst du?
Jetzt. Ich komme jetzt sofort.

*

Auf der Station angekommen halte ich Ausschau nach einem Arzt. Ich klopfe an die Scheibe des Schwesternzimmers und bitte darum, mit einem Arzt sprechen zu dürfen. Die Schwester schaut irritiert. Was ich denn vom Arzt wolle. Ich erkläre ihr, dass ich die Tochter des Patienten im Zimmer gleich nebenan bin. Ja und?, fragt die Schwester. Mein Vater rief mich eben an und teilte mit, dass er Krebs habe. Ja, so ist der Befund, sagt die Schwester. Ja, so ist der Befund, sage ich. Ich möchte mit einem Arzt sprechen, bitte. Weshalb denn?, fragt sie erneut.

Ja, warum will ich mit einem Arzt sprechen? Warum will man wohl nach so einer Diagnose mit einem Arzt sprechen? Was antwortet man? Mir fällt keine Antwort ein. Ich bleibe weiter stehen. Sie greift zum Hörer und spricht hinein. Dann geht sie. Ich bleibe stehen. Von weitem sehe ich eine Ärztin in meine Richtung laufen. Sie hält mir ihre ausgestreckte Hand wie eine Waffe entgegen.

Ich sage: Ich bin seine Tochter. Könnten wir bitte zu dritt sprechen? Ja, das können wir, sagt die Ärztin. Er war verständlicherweise sehr durcheinander. Wir hatten nicht viel Zeit, ihm etwas zu erklären. Hören Sie, sage ich, Sie müssen meinem Vater Mut machen. Wir können nicht lügen, sagt die Ärztin. Ich sage: Zwischen Mut machen und lügen liegt doch wohl ein Unterschied. Es geht jetzt darum, keine Zeit zu verlieren, entgegnet sie mir. Mein Vater ist ein langsamer Typ, erkläre ich. Das mag sein, sagt sie. Mein Vater ist in einer anderen Sprache zu Hause, sage ich, da können Worte ungewollt falsch ankommen, verstehen Sie? Wenn Sie »keine Zeit verlieren« sagen, klingt es, als ginge es um Stunden. Na ja, sagt sie, ein paar Tage warten können wir schon. Aber dann muss er operiert werden. Weiß er das, frage ich. Ich denke ja, antwortet die Ärztin. Sie denken? Wissen Sie was, sagt die Ärztin, ich schlage vor, einen Psychologen zum Gespräch hinzuzuziehen. Ich traue mich nicht zu fragen, wer ihrer Meinung nach den Psychologen benötigt. Sie, ich oder mein Vater?

Er weint. Wenn er nicht weint, schaut er ins Leere. Manchmal blickt er mich an. Ganz kurz. Dann schaut er beschämt weg. Ich weiß nicht, was ich sagen soll. Ich weiß nicht, was ich tun kann. Ich spüre seine Verzweiflung und bin gleichzeitig enttäuscht. Wieso kann er nicht rational reagieren? Wieso kann er nicht so sein, wie er es uns beigebracht hat? Immer schön ruhig bleiben. Mein Vater kann nicht. Zu viele Worte im Raum. Chemotherapie, Operation, Verlegung. Vater will nicht.

Ich habe eine Zeitschrift und ein Buch mitgebracht. Christoph Schlingensief ist auf dem Magazincover. Schau mal, lese ich ihm vor. Der Schlingensief ist ein berühmter Künstler, du hast vielleicht von ihm gehört. Er hat Lungenkrebs, genau wie du. Ist das nicht toll? Du bist nicht allein. Papa, schau doch mal! Der sieht genauso schrecklich aus wie du. So abgemagert. Und der Journalist Jürgen Leinemann, der hat gerade ein Buch geschrieben. Über seinen Zungengrundkrebs. Weißt du, was das ist? Damit kann man nicht schlucken, nicht sprechen. Es ist so furchterregend, dass man nur vom Lesen sterben will. Papa, merkst du denn gar nicht, wie viel Glück du hast? Dein Lungenkrebs kann operiert werden. Das ist ein Riesenglück. Ein Sechser im Lotto. Das ist wie schlecht geheiratet haben und schnell geschieden werden an einem Tag, verstehst du? Wie eine Rettung in letzter Minute. Das ist wie lebendig beerdigt werden und dann hört doch noch einer das Klopfen aus dem Sarg. Papa, wenn du doch bloß dein Glück sehen könntest!

Hast du mit der Ärztin geredet, fragt mich mein Vater.
Ja, wir werden uns zusammen unterhalten. Dann beschließen wir gemeinsam in Ruhe.

Erst haben sie gesagt, ich habe eine Lungenentzündung. Jetzt habe ich Krebs. Wie kann das sein? Haben die nicht studiert? Wie kann ein Arzt erst »Entzündung« sagen und dann »Krebs«? Erst sagen sie drei Tage. Jetzt sagen sie drei Wochen. Sind die verrückt? Die lügen. Adam haben sie auch angelogen. Erst haben sie gesagt, es läge an seinem Herz, jetzt sagen sie Krebs. Die lügen den ganzen Tag.

Nicht weinen, Papa.

Ich mache gar nichts. Ich werde gar nichts machen.

Wir hören uns alles an und entscheiden dann.

Ich habe entschieden. Ich mache gar nichts.

Für ein schönes Leben kann man ruhig etwas kämpfen.

Ich war nicht einen Tag in meinem Leben glücklich.

Das stimmt nicht.

Nicht eine Sekunde war ich glücklich.

Doch. Du hast es nur vergessen.

Zum ersten Mal denke ich, dass mein Vater es nicht packen wird. Er kommt aus einer anderen Welt. Eine Welt, in der man aus dem Fenster schaut und den Teejungen bittet, zwei Gläser Tee hochzubringen. Eine Welt, in der ein Arzt käme und meinem Vater sagen würde: Mein Lieber, schau, hier steht deine ledige Tochter, willst du ihr mit deinen Tränen das Herz brechen? Werde gesund und richte ihr ein schönes Hochzeitsfest aus. Eine Welt, in der ich denken würde, was für ein Penner, dem in der Stunde des Krebses kein schönerer Überlebensgrund einfällt als meine Hochzeit. Aber wir sind allein. Draußen raschelt der Wind durch die märkischen Bäume. Drei ratlose Menschen in einem Zimmer. Mein Vater, ich und ein Zirkuskoch, der auf seiner Decke liegt und dem Arzt versprochen hat, seiner Frau ganz bestimmt zu erzählen, dass er bald sterben wird.

*

Am nächsten Tag im Krankenhaus gehe ich an der Cafeteria vorbei. Draußen stehen Männer in Jogginghosen, mit Rohröffnungen im Hals. Sie drücken auf das Loch im Hals, inhalieren ihre Zigaretten und lassen die Öffnung des Röhrchens wieder los.

Ich gehe in das Zimmer meines Vaters und erzähle es ihm.

Da unten stehen ein paar gruselige Gestalten und rauchen, obwohl sie mit einem Bein im Grab stehen.

Das habe ich auch gesehen.

Hast du auch gesehen, wie die rauchen?

Ja, das habe ich auch gesehen.

Ist das nicht furchtbar? Wenn man so süchtig ist, dass man trotz Krebs im Hals das Rauchen nicht aufgeben will?

Manche nehmen ihre Zigaretten mit ins Bett.

Wer?

Ich weiß nicht wer, aber sie tun es.

Du meinst Menschen, die in ihren Betten rauchen? Und dann hört man in den Nachrichten, dass sie mit der Zigarette in der Hand eingeschlafen sind und das ganze Haus ist anschließend niedergebrannt?

Nein, hier im Krankenhaus.

Im Krankenhaus rauchen die Patienten im Bett?

Ja, und die Krankenhausleitung will das nicht.

Woher weißt du das?

Steht draußen auf dem Schild.

Draußen steht, dass die Patienten im Bett rauchen?

Da steht, dass die Patienten ihre Zigarettenstummel nicht ins Bett werfen sollen.

Ach so …?!

Wie läuft es mit deiner Arbeit?

Ach, es läuft irgendwie. Erzähl mir lieber noch eine blutrünstige Geschichte über meine Ahnen.

*

Interessiert dich, wie man in ordentlichen Familien eine Blutfehde beendet? Mein Großonkel ritt mit seinen zwei Brüdern von Karel nach Karlıova. Sie waren schön, jung und stark. Auf dem Weg begegneten ihnen drei junge Männer. Sie stiegen alle von ihren Pferden ab.

Selam, begrüßten sie sich. Woher kommt ihr, wohin geht ihr, so fragt man höflicherweise einander, wenn man sich begegnet.

Die einen sagen: Wir kommen aus Karel und wollen nach Karlıova. Die anderen sagen: Wir kommen aus Karlıova und wollen nach Karel. Sie setzten sich unter einen Baum und teilten ihren Proviant miteinander. Einer der Fremden lobte das Gewehr meines Großonkels: Du hast aber ein schönes Exemplar umhängen.

Ich weiß, sagte mein Großonkel.

Gibst du es mir, dass ich es anschauen kann, fragte der Fremde listig.

Ich denke nicht, dass ich das tun werde, sagte mein Großonkel.

Bei uns Kurden hieß es: Bewahre deine Ehre, indem du niemals dein Pferd, dein Gewehr und deine Frau verborgst. Es ist demnach eine allgemein anerkannte Höflichkeit, nicht um diese drei Dinge zu bitten.

Der Typ ließ aber nicht locker, stand auf und sagte: Gib mir dein Gewehr, habe ich gesagt, und zückte sein Gewehr, was der Aufforderung zu einem Duell gleichkam.

Mein Großonkel stand auf, schoss den Fremden nieder und zu dritt ritten sie schnell weg, denn die Gefährten des Opfers schossen natürlich zurück.

So begann die Blutfehde. Die anderen schossen als Ausgleich jemanden aus unserer Sippe nieder und umgekehrt. In so einem Fall setzen sich natürlich die Alten und Weisen einer Familie zusammen und lassen nichts unversucht, dem Wahnsinn ein Ende zu bereiten.

So auch in diesem Fall. Sie berieten sich und sprachen ein Urteil: Es liegt an uns, um Vergebung zu bitten.

Die Männer unserer Sippschaft machten sich geschlossen auf den Weg in das Dorf der Mutter, deren Sohn das erste Opfer der Blutfehde war. Vorneweg lief der Mörder, mein Großonkel, mit einem Stück Stoff, dem möglichen Leichentuch, und einem Stück Seife obenauf. So führte er die Zeremonie an. Man schickte Boten voraus, die den Besuch ankündigten, denn die Sitten wollten es, dass die Familie, die um Vergebung gebeten wird, genug Zeit hat, sich zu beraten und vorzubereiten. Der Großonkel klopfte an. Vor sich hielt er das Leichentuch und die Seife. Die Mutter des ermordeten Mannes öffnete die Tür, mein Großonkel ging in die Knie: Vergib mir oder erschieße mich, sagte er gemäß dem für diese Ereignisse vorgeschriebenen Protokoll seinen Spruch auf. Die Frau sagte:

Ich habe Tag und Nacht gebetet, dass ich den Mörder meines Sohnes zu Gesicht bekommen möge. Mein Gebet ist erhört worden, der Mörder meines Sohnes ist ein Koloss von einem Kerl. Wie wenig hätte ich es ertragen, wenn es sich um eine Maus von einem Mann gehandelt hätte. Sie bat die Gäste herein.

Die Besucher setzten sich, bekamen Tee und die Alten der Gegenseite teilten mit, dass sie ihre Entscheidung noch nicht getroffen hätten. Das verstehen wir, antworteten unsere Leute brav und verständnisvoll. Eine Mutter trägt neun Monate lang ihr Kind unter dem Herzen, gebiert es, gibt ihm Milch, behütet, pflegt und zieht es zu einem prächtigen Sohn heran, um dann die Nachricht zu bekommen, dass er getötet wurde. Der Hass braucht nur eine Minute, um seinen Weg ins Herz zu finden, aber Generationen, um diesen Ort wieder zu verlassen.

Den um Vergebung bittenden Fremden wurde eine große Schüssel Bulgur mit Fleisch serviert. Dazu gab es frisch gebackene Weizenfladen. Alle setzten sich auf den Boden und legten sich ein Stück von dem Tischtuch, auf dem das Essen serviert wurde, auf die Knie. Sie begannen zu essen. Mein Großonkel nahm einen Fladen zwischen Daumen, Zeige- und Mittelfinger und wollte sich damit eine Portion Bulgur nehmen, als er fühlte, dass sich vor ihm ein besonders großes Stück Fleisch im Bulgur befand. Er drehte mit einer Bewegung das Fleisch heraus und schaute mitten in das Gesicht einer toten Maus. Er hob den Kopf, sein Blick traf den Blick der Mutter, die ihn prüfend ansah. Er ließ ihren Blick nicht los, steckte sich das Stück Brot mit der Maus darin in den Mund, kaute und schluckte es herunter. Das Gesicht der Mutter entspannte sich, nun konnte sie vergeben.

*

Ich lüfte das Krankenzimmer. Mit dem mitgebrachten Desinfektionsmittel reinige ich Türklinken, Armaturen, den Knauf des Schrankes, das Klingelknöpfchen am Bett, den Telefonhörer, die Taste der Toilettenspülung. Mein Vater schaut zu und schmunzelt. Das erste Schmunzeln meines Vaters, seit er im Krankenhaus liegt! Eine Welle des Glücks durchströmt mich.

Warum machst du das, Tochter?

Damit du dir nichts einfängst.

Warum glaubst du, liege ich hier?

Du hast Krebs. Ich will nicht, dass du dich mit einem Krankenhauskeim infizierst.

Was ist das?

Das ist ein Keim, der einen tötet. Etwas, gegen das kein Kraut gewachsen ist. Es gibt keine Antibiotika dagegen. Krankenhauskeime sind wie Atombomben.

Ach was, in der Türkei liefen in den siebziger Jahren Kakerlaken durch die Nachtschränke der Kliniken. Niemand ist davon gestorben. Kakerlaken überleben sogar Atombomben.

Wenn man einen Krankenhauskeim hat, wünscht man sich

nichts sehnlicher als eine Kakerlake im Nachtschrank. Glaube mir.

Sprüh mir doch mal etwas auf meine Brust! Vielleicht hilft es gegen den bösen Kollegen in meiner Lunge.

Ich packe meine Tasche und verabschiede mich von meinem Vater. Draußen laufe ich an den Rosenrabatten entlang. Sie haben es wirklich schön gestaltet. Ich entdecke das Schild. Eine durchgestrichene Zigarette und der Satz: »Kippen bitte nicht ins Beet werfen!« Zu Hause angekommen rufe ich meinen Vater an.

Papa, kennst du den Unterschied zwischen Beet und Bett?

Nein.

Mit dem Beet ist das Blumenfeld vor der Tür gemeint. Was ein Bett ist, weißt du selbst. Kippen im Beet sind etwas anderes als Kippen im Bett.

Mein Gott! Und ich dachte, die rauchen die Zigaretten im Zimmer und werfen die Kippen anschließend ins Bett.

Also, wo schlafen die Blumen?

Im Blumenbett.

Nein, im Blumenbeet.

Hab nur Spaß gemacht. Schlaf gut, ich geh jetzt auch ins Beet.

*

Mein Lieblingsonkel, Papas jüngster Bruder Arif, ist aus Hamburg angereist. Wir fahren am späten Nachmittag ins Krankenhaus. Es rührt mich, wie der kleine Bruder den großen Bruder tröstet. Mein Vater sagt: Ich finde es unnötig hierzubleiben. Wir werden uns anhören, was die Ärzte sagen, und dann machen wir alles so, wie sie es vorschlagen, sagt Onkel Arif. Ruhe dich aus, morgen sehen wir uns wieder.

Im Auto lässt Onkel Arif sich auf die Rückbank fallen und seufzt tief. Zu Hause angekommen fragt er als Erstes, wo die Ausländer in Berlin einkaufen gehen. Ich erkläre ihm den Weg. Nach zwei Stunden kommt er mit riesigen Einkaufstüten zurück. Die ganze Nacht bis zum frühen Morgen kocht er. Und quatscht. Mir fallen die Augen am Küchentisch zu.

Sei nicht traurig, Nichte, versucht mein Onkel, mich zu trösten.

Ich wäre weniger traurig, wenn er nicht ständig weinen würde.

Das ist dein ganzes Problem?

Ja.

Lass ihn weinen, ist doch nicht schlimm.

Für dich vielleicht. Für mich sind Vaters Tränen die Hölle.

Du kennst deinen Vater nicht so lange wie ich. Er war immer schon ein Sensibelchen. Wir waren zu neunt und aßen alle aus einer Schüssel. Weil er so langsam aß, blieb er immer hungrig. Das bemerkte unsere Mutter und von da an bekam dein Vater eine eigene Schüssel. Während bereits das Geschirr gespült wurde, saß er immer noch über seinem Tellerchen und kaute klitzekleine Häppchen und wurde nicht fertig. Vergiss das nicht. Er braucht für alles etwas länger. Was das Weinen betrifft: Fang an, dich zu sorgen, wenn keiner mehr weint.

*

Am nächsten Vormittag fährt mein Onkel alleine mit der S-Bahn ins Krankenhaus. Seine Gerichte hat er alle dabei. Er will unbedingt vor dem Mittagessen da sein und meinem Vater und Adam den Tisch decken. Als ich am Nachmittag folge, sitzen mein Vater und mein Onkel am Tisch und unterhalten sich. Sie lachen sogar ein wenig. Adams Ehefrau stürzt ins Zimmer. Sie ruft aufgeregt: Ich finde meinen Ehemann nicht. Er ist draußen, sagt mein Vater, spazieren gegangen. Adams Ehefrau verlässt den Raum, um ihn erneut zu suchen.

Mein Vater klärt uns auf: Adam hat sich seine Zigaretten genommen und wollte etwas trinken gehen, bevor er seiner Frau erzählt, dass er unheilbar krebskrank sei. Wir unterhalten uns darüber, als die Frau des Zirkuskochs aufgelöst ins Zimmer kommt und sagt: Adam ist tot.

Nein, sagt mein Vater, er ist spazieren gegangen. Er geht ans Fenster und schaut hinaus: Da war er eben noch. Nein, sagt sie, er ist tot.

Adams Ehefrau öffnet den Kleiderschrank und holt seine Sachen heraus. Langsam faltet sie Pullover zusammen. Während sie alles akkurat zusammenlegt, erzählt sie: Ich stand am Fahrstuhl. Die Tür ging auf. Adam, habe ich gesagt, da bist du ja! Dann ist er vor meine Füße gefallen. Und war tot.

*

Das Zimmer meines Vaters befindet sich im hinteren Teil der Station. Je nachdem, von wo die Schwestern ihre Frühstücksrunde beginnen, bekommen die Patienten ihre Mahlzeit entweder schnell oder erst nach einer Stunde. Sind sie erst am Ende dran, werden Tee und Kaffee nur noch lauwarm sein und es gibt in der Frühstücksvitrine auf Rollen keine große Auswahl mehr. Meist kann man sich nur noch zwischen einer Sorte Wurst und einer Sorte Käse entscheiden. Frische Brötchen, saftiges, kerniges Brot, Obst und Gemüse, appetitlich angerichtet, Nahrung, die Lust aufs Essen, aufs Leben macht, all das gibt es in diesem Betrieb nicht. Und da die Essensausgabe in diesem Teil des Krankenhauses dem Stationsdrachen unterstellt ist, muss der unterzuckerte Krebskranke hoffen, dass er sich nicht noch einen blöden Spruch abholt. »Na, so sieht man sich wieder«, als ob es einem unerhörten Zufall gleichkäme, dass man sich jeden Morgen begegnet. Meist erkennen die Patienten den Wagen am Geklapper und können anhand der Geräusche einschätzen, wie weit entfernt er ist, um sich im richtigen Moment in die geöffnete Zimmertür zu stellen. Wie Häftlinge im Arbeitslager stehen sie artig da und warten. Tiefliegende Augen, traurige Münder. Viele tragen Operationskittel, weil ihnen Schläuche am Körper hängen und normale Kleidung die dafür nötigen Öffnungen nicht an den richtigen Stellen hat. Die hungrigen Kranken in ihren Kitteln stellen sich so hin, dass ihre Hinterteile privat bleiben und ins Krankenzimmer zeigen. Natürlich achtet der Stationsdrachen nicht darauf, die Vitrine so zu rollen, dass die Patienten von der Zimmertüre aus in die Auslage blicken können. Immer müssen die ausgemergelten Gestalten mit ihrem nackten Hintern etwas vortreten. Blasse, magere Beine stecken in Plüschschlappen oder Gesundheitslatschen und warten auf eine Scheibe Brot und eine Plastikpackung mit Konfitüre. Wer Konfitüre begehrt, ist auf das glückliche Händchen des Drachens angewiesen. Völlig undenkbar wäre es, auf die Frage »Würden Sie bitte in der Schüssel nach Aprikosenmarmelade kramen?«, ein »Aber gerne!« zur Antwort zu bekommen. Auf dieser Station, wo Menschen womöglich ihre letzten Lebensstunden verbringen, ist das keinesfalls möglich. Letzte Wünsche behindern den Krankenhausalltag. Auch mein Vater steht am Wagen. Schüchtern verlangt er nach Nahrung. Zu Hause hätte er schon vor zwei Stunden etwas gegessen. Kein Wunder, dass seine Zuckerwerte schlecht sind, seit er im Krankenhaus liegt. Statt die Mahlzeitenvergabe an seinen Organismus anzupassen, bekommt der unterzuckerte Patient zu seinen schweren Medikamenten, deren Nebenwirkungen ausnahmslos alle auf den Magen zielen, zusätzlich Tabletten gegen Diabetes. Das scheint vollkommen üblich zu sein. Dass man sterbenskranken Menschen ihr Essen nicht dann gibt, wenn sie es brauchen und wollen, sondern dann, wenn es dem System in den Kram passt. Man möchte mit einem Sturmgewehr ins Controlling marschieren, denn wenn es in einem Krankenhaus gut fürs System und schlecht für den Patienten läuft, ist die erste Station, die man für schuldig erklären muss, das Controlling. Also zum Controlling und ordentlich rumballern. Dann rüber zum Direktor, dann in die Krankenhausküche, alles niedermähen, zum Schluss auf die Station und sich den Drachen vornehmen. Dann laut ausrufen: Revolution, Patienten, Revolution! Stürmt die Küche! Die Zeitungen sollen schreiben, »In einem der reichsten Länder der Erde schoss eine Amokläuferin Patienten freien Zugang zu den Lebensmittelvorräten ihres Krankenhauses.« Dann würde ich die Patienten ermuntern: Nehmt so viel Geflügelsalami, wie ihr wollt. Nehmt auch diesen Käse, der wie Rotz verläuft, wenn man ihn aus seiner dreieckigen Aluminiumfolie herausschält, nehmt so viel gekühlte Industriescheiße mit, wie ihr tragen könnt. Denn vielleicht ist der Essenswagen, aus dem man, lächerlich Kultiviertheit vortäuschend, die Plastikbrotscheiben mit einer Zange serviert, vielleicht ist diese Scheibe Fabrikbrot aus der Plastiktüte in unserer preisgekrönten Brotnation das Letzte, was ihr seht, bevor ihr unter die Erde kommt. Dass ihr sterben werdet, ist gewiss. Die Frage ist nur, ob ihr vorher das Glück hattet, Aprikosenmarmelade herausgekramt zu bekommen.

Morgens tickt mein Vater so, dass etwas Salziges von etwas Süßem abgelöst wird. Die Tasse Kaffee zum Frühstück bekam er bereits vor einer Stunde. Er geht zum Kaffeestand. Natürlich sind alle Kannen leer. Heißes Wasser für Tee ist aus. Er schleppt sich ins Zimmer. Er kriegt in seinem Zustand die Plastikverpackung der Marmelade nicht auf. Ich helfe ihm. Er bekommt die Packung mit der Butter nicht auf. Ich helfe ihm. Er kriegt die dreieckige Verpackung mit dem schleimigen Käse nicht auf. Seine Hände zittern. Ich helfe ihm. Ich renne im letzten Moment raus. Ich laufe über die Gänge, renne die Treppe runter, zur Cafeteria rüber und bleibe kurz vor der Tür stehen. Ich merke, ich kann es nicht halten. Mein Zorn, mein unbändiger Zorn schlägt um in Weinen. Sobald ich draußen in der wunderschönen Parkanlage bin, werde ich empfindlich. Es ist Frühling, die Äste treiben Knospen, so weit runter bin ich schon, dass ich weine, weil im Park alles lebt und sprießt, unbeeindruckt davon, dass in diesen Gebäuden alles vor sich hin stirbt. Ich gehe in die Cafeteria, kaufe einen Becher frischen, heißen Tee und renne in das Gebäude 207, das von außen aussieht wie ein Mädchenpensionat oder ein kleines Chalet, doch keinesfalls wie ein Lungenkrebszentrum. Ich halte vor der Tür meines Vaters, beruhige meinen Atem, trete ein und stelle ihm den Becher zu seinem Frühstücksgedeck. Der Plastikabfall türmt sich auf dem Tablett, er kaut, nimmt einen Schluck Tee, trinkt und schaut leer in meine Augen. Ich flüchte in sein Badezimmer. Schaue in den Spiegel. Ermahne mich. Hör auf, ihm dein Gewinsel aufzubürden! Ich lasse etwas Wasser laufen, simuliere einen Toilettengang und gehe hinaus. Er hat in der Zwischenzeit sein Frühstück beendet. Ich will ihm das Tablett abnehmen, er hält meine Hände fest. Er will es allein machen. Im Sitzen räumt er das auf, was er normalerweise in einem meditativen Moment in der Küche machen würde. Nach dem Frühstück beginnt normalerweise Vaters Tag. Der Gang in den Garten, auf den Markt oder ans Meer. Im Krankenhaus besteht die meditative Ruhe im Zusammenkehren des Frühstücksmülls. Und egal, wie man es anfasst, es bleibt immer etwas von dem schleimigen Käse oder der klebrigen Marmelade beim Zusammenräumen an den Fingern und damit am Tablett hängen. Und wenn man Pech hat, und das hat man oft in diesem Krankenhaus, wird man bei jeder Mahlzeit mit Marmelade und Schmierkäsegrüßen am Tablett konfrontiert. Oder mit Kartoffelpüreeresten an Gabeln oder mit braunen Rinnsalen in gesprungenen Kaffeepötten, immer wird man daran erinnert, dass man durch das gemeinsame Benutzen allen Geschirrs und Bestecks miteinander verbunden ist. Alles wirkt benutzt. Handtücher, Bademäntel, alles ist hunderttausendfach bis zum Zerfleddern gekocht, gemangelt, gefaltet. Teller, die aussehen, als hätte man Tag und Nacht Murmeln darüber kugeln lassen. Spuren vom Kratzen des Bestecks auf der Keramik. Wenn man nicht einmal Essensreste richtig entfernen kann, wie will man Krankenhauskeimen den Garaus machen? Keines der Antibiotika, die mein Vater bekam, wirkte auf Anhieb. Die Frühstückszeit ist um, durch das Fenster weht Mittagessensgeruch herüber. Es gibt drei Mahlzeiten am Tag. Wenn jemand Untersuchungen hat oder aus einer Narkose später als zur regulären Essenszeit aufwacht, gibt es nichts mehr zu essen. Dann muss der Patient hoffen, dass er eine Tochter hat, die etwas bringt, oder an das Fenster der Schwester herantreten und betteln. Dazu muss er erst einmal ihre Aufmerksamkeit bekommen. Immer schaut die Schwester in den Computer. Das macht die Schwester so lange, bis der Patient das Eis bricht, und sagt: Entschuldigung. Dann sagt die Schwester mit abwesender Haltung und Geste: Moment mal bitte, ja? Der Patient weiß nun Bescheid, wie das so läuft. Nun wendet sich die Schwester dem Patienten zu: Was ist däääähn, fragt die Schwester, alle Silben genervt in die Länge ziehend und mit der größtmöglichen Ablehnung, die man in so einen Satz legen kann. Damit läutet sie den Widerstand, den der Patient gleich auf seine Bitte erfahren wird, schon einmal ein. Der Patient wird entweder Hunger oder Durst sagen. Die Schwester wird entgegnen: In der Küche ist jetzt niemand. Oder fragen: Ist in den Kannen nichts mehr drin? Oder: Essen kommt in zwei Stunden, ja? Der

Patient wird in sein Zimmer torkeln. In seltenen Momenten, wenn sich zwei Planeten küssen und gleichzeitig Sternschnuppen vom Himmel fallen, kann es sein, dass eine andere Schwester die Situation mitbekommt, in die Küche geht und dem Patienten eine Scheibe Brot mit irgendetwas beschmiert, was vom Frühstück oder Abendbrot übrig geblieben ist. Es sind Momente, die der Patient später mit Sätzen wie diesen beschreiben wird: Die war besonders nett. Als »besonders nett« gilt man in den Augen Sterbenskranker, die gerade eine Bronchoskopie hinter sich haben, wenn man ihnen anschließend eine Scheibe Brot schenkt, obwohl alle Essenswagen weggerollt wurden. Der Patient musste für seine Bronchoskopie sechs Stunden nüchtern bleiben, die Betäubung versetzt ihn anschließend in einen mehrstündigen Dämmerzustand. Wenn er aufwacht, ist er matt, erschöpft. Ein Teller Suppe wäre nach so einer Prozedur gut. Besser als kühlschrankkaltes Brot mit kühlschrankkalter Butter und kühlschrankkaltem Käse. Eine Küche ist vorhanden. Teller, Töpfe, die ganze Suppeninfrastruktur ist da. Nur keine Suppe. Der Patient wird sein Brot bekommen, lustlos anfangen zu kauen, schlucken, nochmals abbeißen, und auf einmal kommt der Geschmackssinn wieder. Die Lust auf genau diesen Geschmack, Butter, die sich im Mund mit dem salzigen Käse vermischt und anfängt köstlich zu werden, aber da ist die Scheibe Brot leider schon aufgegessen. Jetzt könnte der Patient sich erneut zur Schwester an die Glasscheibe herantasten und um eine weitere Scheibe Brot bitten. Doch wer einmal unverhofft die gütige Gnade einer helfenden Hand erfahren hat, wird sich nicht trauen, das Schicksal ein zweites Mal herauszufordern. Er wird in seinem

Zimmer ausharren und sich zur Geduld ermahnen und denken, nur noch eineinhalb Stunden, dann kommt das Abendbrot. Vielleicht ist es sein Glückstag, und der Wagen beginnt seine Runde vor seiner Tür und nicht am anderen Ende. Vielleicht verbringt er die Zeit bis dahin mit einem weiteren Nickerchen oder einigen Telefonaten. Denn zumeist verspricht der Patient, sich nach der Bronchoskopie bei seinen Angehörigen zu melden, um Bericht zu erstatten, es ist vorbei, es lief gut. Das Ergebnis der Laboruntersuchung kommt, sagen wir, vor dem Wochenende, der Patient erfährt es vielleicht an einem Dienstag oder Mittwoch. Ganz egal, wann das Ergebnis da sein wird, der Patient wird es niemals so schnell wie möglich erfahren. Denn das Untersuchungsergebnis, das die dringende Frage beantworten soll, ob die entnommene Probe Tumorzellen oder etwas anderes enthält, muss in der Krankenakte garen. Das Ergebnis muss nachreifen und dem Patienten Gelegenheit geben, verschiedene Phasen zu durchlaufen: Angst, Ungeduld, noch mehr Angst, noch mehr Ungeduld, Gleichgültigkeit. Dann ist der Patient so weit, dass er, wenn er endlich das Ergebnis erfährt, so froh darüber ist, es erhalten zu haben, dass es ihm egal ist, ob sich ein Tumor in ihm befindet oder nicht. So ist das. So ist das alles. Das muss man alles erleben und begreifen. Man sollte zusehen, sich bald daran zu gewöhnen, auch als Angehöriger, denn die Abläufe mitanzusehen ist eine anspruchsvolle Rolle, die einstudiert und geübt werden muss. Und draußen? Treiben die Äste Knospen.

*

Mein Baba wuchs im Ersten Weltkrieg auf. Die Russen marschierten nach Kiği ein und alle wollten vor ihnen fliehen. Da war mein Vater ungefähr vierzehn Jahre alt, auf der Flucht westwärts trug er seine kleine Schwester auf dem Rücken. Als er sie zwischenzeitlich absetzen wollte, sah er, dass sie voller Blut war. Bombensplitter hatten sie getroffen, sie war tot. Er musste sie an Ort und Stelle liegen lassen und weiterfliehen.

Sein Dorf hieß Karel. Dort verliebte er sich in meine Mutter. Er musste sie entführen. Du weißt, dass Liebespaare, die nicht zueinander dürfen, Entführungen fingieren. Einer »entführten« Frau kann man keinen Vorwurf machen, im Gegensatz zu einer Frau, die mit ihrem Liebsten durchgebrannt ist. Mein Vater bat seinen Cousin Hüseyin, ihm einen Esel für die Aktion zu überlassen. Mit seinem »Entführungsopfer« verabredete er sich für eine bestimmte Uhrzeit.

Dein Opa setzte deine Oma auf den Esel und lief hinterher. So entführte er sie. Als Gegenleistung für den Esel überließ mein Vater seinem Cousin Hüseyin seinen Anteil an den Feldern. Daraufhin hieß es, mein Vater sei vor lauter Liebe verarmt. Was natürlich nicht stimmt. Er war nicht arm geworden. Die Liebe macht einen Menschen immer reich.

In jeder Familie gibt es einen, der alles verdirbt.

Bei uns ist es mein ältester Bruder, der schreckliche Ismo. Er traf auf einen Kerl, der ihm einfach so gegen den

Strich ging. Natürlich zettelte Ismo Ärger an, nahm eine Schaufel und haute sie dem armen Mann über die Rübe. Ein anderes Mal hatte er es auf einen Ağa abgesehen. Aus nichtigem Grund warf er sich auf den Mann und riss ihm die Klamotten herunter. Nur mit einer Unterhose und einem Unterhemd bekleidet, schickte er den Mann auf einem Pferd in sein Dorf zurück. Der Gedemütigte sprach in großer Runde folgende Worte: Sollte mir jemals etwas zustoßen, war Ismo der Täter.

Eines Tages wurde dieser Ağa tatsächlich in den Bergen umgebracht. Die Polizei nahm meinen Bruder fest und steckte ihn ins Gefängnis. Fünfundzwanzig Jahre sollte er inhaftiert bleiben. Ich war damals acht Jahre alt und platzte vor Stolz. Ich erzählte jedem, dass es sich beim Mörder des getöteten Ağas um meinen Bruder handele. Damals saß man auf dem Schulhof in kleiner Runde und träumte davon, nicht nur einen, sondern viele Ağas umzulegen. Ich prahlte: Eines Tages werde ich fünf Ağas wegpusten! So versuchte jeder, den anderen zu übertrumpfen.

*

Wann fing es an, dass mein Vater mir Geschichten erzählte? Ich kann mich nicht mehr erinnern. Ein einziges Mal nur, wollte auch ich einmal meinem Vater etwas erzählen, da war ich schon Studentin und wohnte nicht mehr zu Hause. Papa, du kannst dir sicher vorstellen, dass ich meine Tage und Nächte nicht ausschließlich in Bibliotheken und Hörsälen verbringe. Ich möchte dir erzählen, wie ich lebe und wer mir wichtig ist.

Mein Vater saß in meiner Studentenwohnung und fiel vor Schreck in sich zusammen. Bevor ich weiterreden konnte, unterbrach er mich.

Du brauchst mir nichts zu erzählen.

Ich will aber.

Nicht nötig. Hauptsache, du machst bald einen Abschluss.

Willst du denn gar nichts wissen?

Nein.

Komm schon, Papa. Ich erzähle dir jetzt, mit wem ich mich hin und wieder treffe.

Auf keinen Fall!

Bitte!

Noch ein Wort und ich reise ab!

Ich möchte, dass du alles über mich weißt. Wir müssen ja nicht so tun, als wären die Dinge so, wie sie zu deinen Zeiten waren.

Hör zu, Tochter, du kannst mit mir so ein Gespräch nicht führen. Ich will nichts hören und nichts wissen!

Es war ihm peinlich. Weil er so ein Gespräch aus seinen Geschichten nicht kannte. Weil niemand, der ihm bekannt war, ihm von einem solchen Gespräch mit seiner Tochter berichtet hatte. Weil in Vaters Welt Töchter diese Art von Gesprächen mit ihren Müttern führten und die Väter anschließend alles aus zweiter Hand von ihren Ehefrauen erfuhren. Ich wollte keine Flüsterpost. Mein Vater freute sich für mich, wenn ich ausging und Spaß hatte, er fand es auch gut, dass ich viele Freunde hatte. Da ich alle meine Bekanntschaften meinem Vater vorstellte, kannte er denjenigen auch schon. Es ging eigentlich nur darum, es einmal auszusprechen. Ich war zweiundzwanzig Jahre alt und fest entschlossen, mit den Konventionen zu brechen. Selbstverständlich wollte ich ihn nicht mit Intimitäten quälen. Nur aussprechen, was er ohnehin wusste. Obwohl es an diesem Tag zu keinem offenen Gespräch zwischen uns beiden kam, war es der Beginn einer neuen Beziehung. Ich teilte mich häufiger mit. Widersprach. Diskutierte. Ich lachte nicht mehr heimlich über ihn, sondern offen vor ihm. Ich erzählte, wie ich mich fühlte. Wovor ich Angst hatte. Was ich mir wünschte. Ich wurde anders zu meinem Vater. Vor allem begann ich, in ihm einen Menschen zu sehen, der bereits lange vor mir ein Leben geführt hatte. Und damit fing auch etwas an, was vorher nie zuvor zwischen uns geschehen war. Wir begannen zu streiten. Ich musste erst über zwanzig Jahre alt werden, bis ich meinen Vater anschrie und er mich. Einmal, bevor mein Vater fluchtartig meine Wohnung verließ, weil wir uns über die Dauer seiner mehrwöchigen Besuche zankten – seiner Meinung nach waren seine Besuche sehr kurz, aus meiner Perspektive hätte ein Telefongespräch statt einer persönlichen Begegnung vollkommen ausgereicht –, stand er in der Zugtür und ich versuchte zu erklären: Sei nicht beleidigt. Ich möchte unabhängig sein. Er fragte: Was soll ich denn machen, wenn ich so traurig bin? Du bist nicht mehr zu Hause und es ist alles so leer ohne dich. Ich dachte, ich falle noch auf dem Bahnsteig um. Wie kann man sich bloß so an seine Kinder klammern? Wie kann man nur so verzweifelt an der Zugtür stehen, mit Tränen in den Augen? So verhält sich doch kein normaler Mensch!

*

Es gibt noch etwas, in das mein Baba, also dein Großvater, mich einweihte. Es ging um die Armenier. Mein Vater hat den Ersten und den Zweiten Weltkrieg erlebt. In Kiği gab es viele Armenier. Sie waren Handwerker, Sattler, Schmiede und so weiter. Sie lebten mit den dort ebenfalls ansässigen Aleviten in familiären Verhältnissen. Sie wurden einander Kirve, wie wir die Paten bei der Beschneidung der Söhne nennen. Enger kann man seine Familien nicht verbinden. Die Russen marschierten während des Ersten Weltkrieges in Bingöl ein und wieder hinaus. Während ihres Rückzuges wurden die Russen immer wieder von den türkischen Truppen angegriffen. Die türkischen Armenier träumten von einem eigenen Staat und dachten, die Russen könnten ihnen dabei helfen. Aber die Russen hatten eigene Probleme. Zu Hause gab es Lenin und die Revolution. Die Russen zogen ab und die Armenier blieben. Und dann fing es an. Im Freitagsgebet in der Moschee predigte der Imam: Wenn du einen Armenier umbringst, gehören dir seine Frau, sein Haus und sein Vieh. Kannst du dir vorstellen, was das bei frommen Sunniten auslöst, wenn sie das in ihrem Gotteshaus hören?

Wir sind Aleviten und gehen nicht in die Moschee. Wir dachten nicht so. Manche unter uns Aleviten begleiteten die Armenier bis an die armenische Grenze, um ihnen bei der Flucht zu helfen. Die einfachste Hilfe aber bestand darin, dass man eine Armenierin heiratete und ihre Kinder in die eigene Familie aufnahm. Auch in unserer

Familie gibt es eine Armenierin, sie ist heute sehr alt. Damals war sie ein kleines Mädchen, dessen Eltern deportiert wurden. Sie wurde in unsere Familie aufgenommen und es wurde einfach behauptet, sie sei eine von uns. Das Gute damals war, dass die Meldebehörden es nicht so genau nahmen. Die Leute vermehrten sich, niemand hatte einen Überblick über die vielen Kinder. Die jungen Frauen wurden, wenn sie von den Aleviten geheiratet wurden, dazu angehalten zu leugnen, dass sie Armenierinnen sind. Man sagte ihnen: Du musst sagen, dass du Alevitin bist. Was natürlich auch nicht angenehm war, weil Aleviten in der Rangliste der Verfolgungen gleich nach den Armeniern dran waren. Da man zum Alevitentum nicht konvertieren kann, sollten sie, wenn sie danach gefragt werden, einfach sagen, sie seien es. Woran sie tief in ihren Herzen glaubten, war nicht wichtig.

*

Mein Vater möchte mit mir reden. Ich gehe in sein Zimmer, wo er mich an seinem Tisch sitzend bereits erwartet. Das zweite Bett im Zimmer ist gereinigt, frisch bezogen und mit einer Plastiktüte abgedeckt. Vom Zirkuskoch ist ein Körbchen mit Narzissen und Tulpen übrig geblieben. Ursprünglich lagen zwischen den Blumen noch Pralinen, die in glänzend rotes und goldfarbenes Papier eingewickelt waren. Die Frau des Zirkuskochs nahm die Pralinen aus dem Gesteck heraus, bevor sie meinem Vater das bunte Körbchen überließ. Nun blüht Adams Vermächtnis im Krankenzimmer meines Vaters auf der

Fensterbank. Gelegentlich raschelt es im Körbchen und eine Narzisse blüht auf.

Ich habe Kaffee mitgebracht und setze mich zu ihm. In Vaters Handrücken steckt eine Kanüle. Das Röhrchen ist rosafarben. Es sieht auf Papas brauner Haut gut aus. Es herrscht eine seltsame Stille zwischen uns. Nicht die Art von Stille, wie ich sie von früher kenne. Als wir gemeinsam im Wohnzimmer saßen, mein Vater auf dem Sessel und ich auf dem Boden, die Füße zwischen die Rippen des Heizkörpers gesteckt. Ich döste vor mich hin und Vater schwieg wie meistens. So genossen wir die Stille. Meistens stand mein Vater nach einer Weile auf und brachte uns einen Tee, der in zwei Teekannen aufeinanderstehend gekocht wurde. In der unteren, größeren Kanne brodelt das Wasser, in der oberen, kleineren quellen die Teeblätter im Dampf der unteren Kanne. Er brachte uns Tee. Für mich in einer Keramiktasse mit einem Stück Zitrone und für sich selbst in einem Glas. Es handelt sich zwischen uns im Krankenzimmer nicht um die vertraute Teestille. Was zwischen uns anschwillt, ist Sprachlosigkeit. Wie ein dicker, feuchter Nebel liegt sie zwischen uns und macht es mir unmöglich, zu meinem Vater durchzudringen. Er hat sich verändert. Sein Blick geht nach innen. Ich spiele die Möglichkeit einer Berührung durch. Soll ich Vaters Hand nehmen und an mein Herz drücken? Soll ich aufstehen und seinen Kopf in meine Halskuhle drücken? Soll ich einen Witz versuchen?

Vater schaut mich an und sagt: Ich will sterben.

Kein Protest. Keine Widerworte. Ich gebe meinem Vater das Gefühl, seine Verbündete zu sein. Ich sage: Gut. Mein Vater sagt: Ich will in die Türkei. Ich frage: Wohin? Er nennt den Ort. Ich frage nach: Wo genau? Er beschreibt die Stelle, 1700 Meter über dem Meeresspiegel, im Ida-Gebirge, auf dem Kaz-Berg. Ich sage, ich weiß, welche Stelle du meinst, dann wünsche ich ihm eine gute Nacht. Und gehe.

*

Ich werde verrückt. Alles hat sich verschoben. Nichts steht mehr an seinem Platz. Das Schlimmste an dem Zustand ist, dass ich nicht mehr arbeiten kann. Ich habe Schreibaufträge für die kommenden Wochen. Wie soll das gehen? Ich bin zweimal täglich im Krankenhaus. Verbringe mehrere Stunden mit Autofahrten. Was formuliert man, wenn sich die Verzweiflung in den Vordergrund drängt? Wie schreibt man, wenn man nachts nicht schlafen kann? Ein Redakteur ruft an: Frau Kiyak, wie geht es Ihnen? Mein Vater stirbt. Was ist passiert? Ich weiß es nicht, schluchze ich. Mein Vater stirbt und ich weiß nicht, wie das geht.

Es ist nichts, was ich vorsätzlich mache. Wahrheitsgemäß antworte ich allen, die sich nach uns erkundigen. Mein Vater hat Krebs. Er wird sterben. Wir müssen alle sterben, tröstet die Frau vom Kiosk. Ich weiß, aber ich will das nicht.

Ich rufe in der Redaktion an. Ich sage: Wir haben zu Hause großen Kummer. Unser Vater ist erkrankt und ich weiß nicht, ob ich meine Verpflichtungen einhalten kann. Er bietet mir an, über meinen Vater zu schreiben, falls es mir hilft. Er fragt, wann ich denke, dass alles besser werden wird. Ich melde mich in einem halben Jahr, verspreche ich. Ich werde Ihnen monatlich schreiben, damit Sie nicht das Gefühl haben, dass ich Sie vergessen habe, bietet mir mein Redakteur an. Überall, wo ich Bescheid gebe, gibt man mir die Möglichkeit, über meine Situation zu schreiben. Außerdem steuert fast jeder, mit dem ich spreche, eine Krebsgeschichte aus seiner Familie bei.

Der Mensch ist sterblich. Gewusst habe ich es immer, aber nicht begriffen. Ich dachte, Kranksein sei die Ausnahme. Es scheint vielmehr die Ausnahme zu sein, friedlich im Schaukelstuhl mit einer Kaschmirdecke auf den Knien einzuschlafen. Gibt es das noch? Friedlich einschlafen? Am Abend lege ich das Mobiltelefon und das schnurlose Telefon ans Bett. Ich richte die Lautstärke der Klingeltöne so ein, dass sie auf der lautesten Stufe sind. Ich kann mir einfach nicht vorstellen, dass mein Vater sterben wird. Wie geht Sterben? Und was werden sie am Telefon sagen? Frau Kiyak, bitte beeilen Sie sich, es geht jetzt los!? Kommen solche Anrufe in der Nacht? Scheiß-Tod. Alles haben sie erfunden, Strom, Kanalisation, Internet. Nur gegen den Tod hat diese famose Dichter- und Denkernation noch keine Lösung gefunden. Gegen den Tod ist kein Kraut gewachsen. Und gegen Trauer ist auch kein Kraut gewachsen. Und gegen Angst ist auch kein Kraut gewachsen. Dieses ganze Baldriangeschlucke, das muss bekannt werden, hilft nur, wenn man in der Lage ist, sich die Wirkung vorzustellen.

Denn in der Dosierung, in der das Zeug verkauft wird, nützt es gar nichts. Sonst könnte man den Mist nicht in der Drogerie kaufen. In Deutschland werden jährlich achtundzwanzig Millionen Schlaf- und Beruhigungsmittel gekauft. In achteinhalb Millionen Packungen sind Baldrian und Hopfen drin. Wir sind keine Dichter- und Denkernation. Wir sind eine Schlaf- und Beruhigungsmittelschlucknation. Im Mittelmeerraum schluckt man das Zeug nicht. Da schreit man herum. Da weint man auf Beerdigungen so laut, dass man noch eine Woche danach davon heiser ist. Wenn man Auto fährt, hupt man die Nervosität raus. Ich habe das Gefühl, dass ich beim Luftholen nicht ganz die Luft reinkriege. Ich stelle mich häufig ans Fenster und atme tief ein. Es ist ein unbefriedigendes Atmen, weil die Luft meine Lungen nicht erreicht. Ich kann an keiner Apotheke vorbeigehen, ohne die Werbung im Schaufenster zu lesen. Kein Wort vom Krebs. Kein Wort von Trauer. Kein Wort von Angst. Einmal sehe ich ein Ladenfenster mit großen Fotos von überwältigenden lilafarbenen Lavendelfeldern. Ein anthroposophischer Arzneimittelhersteller bietet Lavendelöl an. »Wohlbefinden« steht in großen Buchstaben auf der Reklametafel. Wohlbefinden. Ich gehe in die Apotheke und noch bevor ich sprechen kann, fange ich an zu weinen. Es ist mächtiger als ich. Ich habe mich nicht im Griff. Dabei beginnen wir erst. Wir sind mit Papas Krebserkrankung noch völlig am Anfang. Wenn man es mit einer Reise nach Amerika vergleicht, stehen wir gerade einmal mit Mantel und Koffer im Flur. Die Apothekerin kommt hinter dem Tresen hervor. Ich deute auf das Lavendelöl hin. Kann das auch bei Krebs Wohlbefinden verbreiten? Die Kunden schauen mich an. Die Apothekerin setzt mich auf einen Stuhl und kramt in ihrem Kittel ein Bonbon heraus. Sie holt es aus der Verpackung heraus und schiebt es mir in den Mund. Es schmeckt herrlich frisch nach Himbeere. Ich lutsche es gierig auf. Sie fragt, ob ich noch eines möchte. Ich bitte um eines mit Zitronengeschmack. Sie geht hinter den Tresen und holt ein Glas hervor. Sie hält mir die Bonbonniere hin. Ich krame darin und nehme mir mehrere Zuckerstücke heraus. Ich denke, dieses Glück haben die Patienten im Krankenhaus nicht. Die kriegen das Marmeladenpäckchenglas nicht so großzügig hingehalten, um sich ihre Geschmackssorte herauszusuchen. Ich erkläre der Apothekerin, dass ich im Schaufenster den Lavendel sah und die Idee hatte, meinem Krebsvater die Stirn mit Lavendelöl zu massieren. Welchen Krebs hat er? Er hat Lungenkrebs. Sie sagt: Oh! Oh was, frage ich erschrocken. Ist das schlimmer als anderer Krebs? Kennen Sie Lungenkrebspatienten? Sterben die schnell? Sie sagt: Ich bin kein Arzt und jeder Krebs ist schrecklich. Wenn Ihr Vater eine Chemotherapie bekommt, sollten Sie vorsichtig sein. Der Geruchssinn verändert sich und Ihr Vater könnte den Lavendel als zu intensiv wahrnehmen. Nein, sage ich, mein Vater bekommt keine Chemo, er will sterben, und ich überlege, ob ich ihm dabei behilflich sein kann. Sie sagt: Vielleicht nehmen Sie das Öl für sich? Sie können nur Gutes tun, wenn es auch Ihnen gut geht. Das Öl selber zu benutzen, kommt mir pietätlos vor. Aber so ist das in Deutschland. Immer zuerst an sich selbst denken. Dann um den anderen kümmern. Wie im Flugzeug. Im Falle eines Druckabfalls in der Kabine soll man zuerst sich selbst mit der Sauerstoffmaske versorgen, bevor man sich um seine Kinder und andere Reisende kümmert. Ich habe die Flasche nur deshalb gekauft, weil die Apothekerin so freundlich war. Vielleicht könnte Vater diese Krankheit ein paar Jahre aussitzen.

Am nächsten Tag finde ich auf der Station einen Arzt, der im Medikamentenzimmer eine Arznei vorbereitet. Ich stelle mich in den Türrahmen und warte.

Kann ich etwas für Sie tun?

Mein Vater hat ein Lungenkarzinom. Können Sie mir erklären, was passiert, wenn er sich nicht therapieren lässt.

Er wird sterben.

Dauert es lange?

Was meinen Sie mit »lange«?

Dauert sterben eine Stunde lang oder mehrere Tage? Wann beginnt es überhaupt?

Herr Kiyak ist Ihr Vater?

Ja. Herr Kiyak ist mein Vater.

Wir haben seinen Fall heute früh im Tumorkonsil besprochen.

Was ist das?

Alle Ärzte sitzen zusammen und beraten sich über jeden einzelnen Patienten. Bei Ihrem Vater ist eine rapide Verschlechterung eingetreten. Unter diesen Umständen kann er nicht operiert werden.

Er kann nicht operiert werden? Davon wissen wir noch gar nichts.

Sie müssen mit seinem behandelnden Arzt sprechen.

Aber ich spreche jetzt mit Ihnen. Was passiert, wenn er nichts macht?

Er wird an der Krankheit sterben.

Wann?

Das kann man nicht so genau sagen.

Ungefähr.

Frühestens in drei Monaten.

Wird er friedlich einschlafen?

Nein.

Sondern?

Er wird ersticken, wenn er nicht palliativ versorgt wird.

Wie lange dauert das Ersticken?

Das kann sich mehrere Tage hinziehen. Vielleicht sogar Wochen.

Finden Sie das schlimm?

Was?

Wenn man nichts macht und auf den Tod wartet?

Bei der Diagnose Ihres Vaters stehen uns einige Möglichkeiten zur Verfügung. Es kann sich lohnen, sie auszuprobieren. Da er keinerlei Vorerkrankungen hat, sind das gute Voraussetzungen für eine Therapie.

Ich klopfe an die Zimmertür meines Vaters. Im Zimmer ist er nicht. Das Bett ist leer. Alles ist ganz ordentlich. Vaters Schlafanzug liegt über dem Stuhl. Ich nehme ihn in die Hand. Das Schlafoberteil ist ganz klamm. Ich erinnere mich, dass Vaters Schlafsachen, bevor er ins Krankenhaus ging und bei mir zu Hause schlief, jeden Morgen nass waren. Ich wunderte mich, kam aber nicht auf die Idee, dass etwas nicht stimmt. Mir wird bewusst, dass mein Vater die ganze Zeit krank war und ich es nicht bemerkte.

Ich gehe in das Badezimmer und werfe einen Blick auf seinen Waschbeutel. Ich kontrolliere den Kleiderschrank, ob er ordentlich abgeschlossen ist. Das würde bedeuten, dass er das Zimmer ordnungsmäßig verlassen hat und nichts passiert ist. Ich prüfe auch das Kopfkissen, ob ich verräterische rotbraune Flecken entdecke. Seit er Blut gespuckt hat, habe ich Sorge, dass es noch mal passiert. Obwohl ich nicht weiß, was es bedeutet, wenn man Blut spuckt. Ich kann mich auf Anhieb an viele Filmszenen erinnern, in denen Menschen Blut spucken. Dieses Bild wird benutzt, um dem Zuschauer zu sagen, ab jetzt geht es bergab. Die Filmfigur wird nicht mehr lange leben. Ich versuche, mir vorzustellen, wie das wäre, dass mein Vater bereits tot ist. Ich komme also in das Zimmer und bemerke, mein Vater ist tot. Was würde ich als Nächstes tun? Würde ich jemanden anrufen? Was macht man dann? Die Frau des Zirkuskochs ging an den Schrank, holte seine Kleidungsstücke heraus und faltete sie. Mein Onkel, mein Vater und ich schauten ratlos zu. Wenn das bei »uns« passiert wäre, ginge die Welt unter – Geschrei, Haare vom Kopf raufen, Hände auf die Brust schlagen –, es gibt im Türkischen den Ausdruck *kıyameti koparmak*, das bedeutet, den Weltuntergang einläuten, Katastrophe, Sintflut. Bei so-und-so-vielen Milliarden Menschen macht das natürlich eine Menge Umstände, jedes Mal den Weltuntergang einzuläuten, wenn einer gestorben ist, aber glücklicherweise gibt es Völker, die sich zusammenreißen können. Witwen, die den Kleiderschrank ihres Gatten öffnen, seine Sachen herausnehmen, falten und sich mit dem Satz verabschieden können: Alles Gute, ich gehe jetzt die Formalitäten erledigen. Solche Leute gibt es auch. Die nicht vergessen, die Pralinen aus dem

Körbchen zu nehmen. Was aber würde ich tun? Wozu wäre ich imstande? Mein Denken ist blockiert. Es hält sich mit Nebengedanken auf. Ich kann das Szenario nicht zu Ende phantasieren. Ist man wirklich gezwungen, die Sachen des Verstorbenen selber zusammenzupacken? Wäre es nicht ein Akt der Mitmenschlichkeit, dass man eine Frau, die unvorbereitet mit dem Tod ihres Ehegatten konfrontiert wurde, unter keinen Umständen allein in das Zimmer ihres soeben verstorbenen Mannes schickt, damit sie den Schrank leer räumt? Wie gefühlsverstümmelt muss man sein, wenn man einer frischgebackenen Witwe nicht erst einmal ein Glas Wasser gibt? Gibt es nicht die Möglichkeit, einen Geistlichen zu rufen, gibt es keine Krankenschwester, die ein Herz hat? Muss man Krankenhauspersonal immer erst langwierig und kostspielig schulen, damit das Selbstverständliche eintritt? Ich spüre Groll in mir aufsteigen. Ich darf das Krankenhaus nicht hassen. Wir sind Abhängige. Gefangen in diesem Bewusstsein, keine allzu großen Erwartungen haben zu dürfen, gehe ich in das Schwesternzimmer und erkundige mich nach dem Verbleib meines Vaters und erfahre, dass er im Röntgenraum im Keller des Gebäudes sei. Als ich in den schmalen Gang trete, wo die Patienten sitzen und warten, sehe ich meinen Vater, der aufsteht und mit weit ausholenden Bewegungen winkt. Ich gehe auf ihn zu, wir nehmen uns in den Arm. Mein Vater schaut freundlich.

Wie war die Nacht, Papa? Die Schwester ist dreimal gekommen und hat das Bettzeug gewechselt, weil ich so geschwitzt habe. Mein Vater klingt fast stolz. Ich muss grinsen. Mensch, Papa, nie krank werden und dann aber loslegen, was? Ich zeige meinem Vater den Lahmacun, den ich ihm mitgebracht habe. Mein Vater öffnet die Verpackung und beißt hinein. Das passt so gar nicht zu ihm. Im Wartezimmer ohne Teller und Serviette zu essen ist für meinen Vater mit seinem zwanghaften Bedürfnis nach Manieren eigentlich nicht akzeptabel. Er isst, kaut und schluckt, er hat richtig Hunger. Es ist kurz vor Mittag. Im Gang steht ein Wassertank. Ich hole einen Becher Wasser und schaue mir die anderen Patienten an. Jeder sitzt für sich alleine und wartet. Niemand fängt ein Gespräch mit dem Sitznachbarn an. Das leise Reden zwischen mir und meinem Vater stört die Wartenden. Ich lese Missfallen in den Gesichtern. Der Geruch der kleinen türkischen Hackfleischpizza vermischt sich mit dem aseptischen, leicht alkoholischen Geruch im Wartebereich. Mein Vater erzählt, während wir warten.

*

Mein Vater ging irgendwann auf eine Behörde und sagte: Wo ich schon einmal hier bin, Kollege, trage ein, dass ich, Ali Haydar, ein paar Kinder bekommen habe.

Wann, welches, alles schön der Reihe nach, sagte der Beamte.

Also: Fünf sind zu den anderen beiden dazu gekommen, dann kam Hüseyin, ich weiß nicht wann, das war das Jahr, als der Schnee so lange auf den Bergen liegen blieb, dann kam sein drei Jahre jüngerer Bruder, Arif, sind es drei Jahre? Lass mich kurz nachdenken, oder war es umgekehrt, der Kleine ist viel weiter als die anderen, ach, weißt du was? Schreib einfach, »geboren in Darebi«, das liegt in der Mitte und mit dem Datum mach es so, dass immer zwei gleichzeitig zum Militär kommen und die anderen in die Schule, so ist keines der Kinder alleine. Ich danke dir, der Tee geht auf mich, gehab dich wohl, Ali Haydar geht jetzt wieder.

*

Beim Warten im Röntgenbereich fällt mir ein, dass Zirkuskoch Adam aus genau diesem Warteraum im Fahrstuhl hochfuhr und tot umfiel. Schade, dass er nicht kurz vorher, wie mein Vater jetzt, im Korridor etwas gegessen hat, was er genoss. Schade, dass dieses Erlebnis Adam nicht vergönnt war, bevor er mit dem Lift seinem Tod entgegenfuhr. Fahrstuhltür auf. Tot. Innerlich wandere ich von einem Entsetzen zum nächsten. Äußerlich bin ich eine Tochter, die jeden Tag ihren Vater besucht.

*

Meine älteste Schwester, deine Tante Hediye, verliebte sich in deinen Onkel Hikmet. Ihr gefiel seine weiße Haut. Sie waren beide sehr romantisch. Lass uns fort von hier, schlug er ihr vor und sie flohen von unterhalb des Murat-Flusses nach oberhalb des Murat-Flusses. Mein Vater war geschockt. Sein Sohn Ismo saß im Gefängnis und nun war auch seine Tochter fort. Er arbeitete zu dem Zeitpunkt im Einwohnermeldeamt. Er trug Akten von einem Raum in den anderen und erledigte einfache Hilfsarbeiten, du weißt, er konnte weder lesen noch schreiben. Er ging in das Büro eines Sachbearbeiters und bat darum, dass man bitte seine Akte hervorholen solle. Aber Ali Haydar, lieber Kollege, warum, weshalb? Ich möchte meine Tochter aus dem Melderegister streichen. Was ist passiert? Meine Tochter ist mit einem durchgebrannt. Das kann passieren, es wird alles gut. Nein, beharrte mein Vater, ich möchte sie streichen, ich habe nur noch sechs Kinder. Ali Haydar, mein lieber Freund, selbst wenn ich sie auf dem Papier streichen würde, existiert sie immer noch. Als ich die Kinder anmeldete, gab es keine Schwierigkeiten, jetzt möchte ich eines wieder abmelden, das soll nun ein Problem sein? Der Beamte versuchte es weiter geduldig: Hier kann doch nicht jeder reinkommen und anmelden und abmelden, wie es ihm gerade in den Sinn kommt. Bitte, es ist das Letzte, worum ich dich bitte, drängte mein Vater weiter. Na gut, sagte der Sachbearbeiter und tat so, als radierte er mit einem Radiergummi meine Schwester aus dem Register. Danke, sagte mein Vater, ich quittiere jetzt den Dienst und bitte um meine Kündigung. Aber weshalb, fragte der Sachbearbeiter. Ich habe soeben meine Tochter verloren, ich möchte in Ruhe trauern.

Meine Schwester und mein Schwager liebten sich wie verrückt. Wir hatten große Freude an unserem Schwager. Wann immer es uns möglich war, besuchten wir die beiden, aber für meinen Vater war sie tot. Als sie ihr erstes Kind bekamen, ein süßes, moppeliges Ding, nahmen wir die Kleine oft zu uns nach Hause. Meine Mutter lebte damals noch, sie war vernarrt in ihr Enkelkind. Wer ist dieses Kind, fragte mein Vater scheinheilig, wenn er nach Hause kam. Es ist ein Mädchen aus der Nachbarschaft. Ach so, sagte mein Vater, und nahm es auf den Schoß und liebkoste es. Als mein Schwager in den Westen der Türkei versetzt wurde, dorthin, wo die Olivenbäume stehen, kamen er und meine Schwester zu uns nach Hause, um sich zu verabschieden. Mein Vater umarmte seinen Schwiegersohn und wünschte ihm alles Gute. Meine Schwester ignorierte er. Dann ging er in den Garten und weinte den ganzen Nachmittag.

*

Papa, gib mir das Papier vom Lahmacun, ich schmeiße es für dich weg.

Danke.

Warum wurdest du wieder zum Röntgen geschickt?

Der Arzt sagte heute früh bei der Visite, er benötige wegen der bevorstehenden Operation ein aktuelles Röntgenbild.

Mehr hat er zum Thema Operation nicht gesagt? Nur, dass er ein Bild benötige?

Warum?

Ich frage bloß so. Sag mal, Papa, kommt es dir nicht komisch vor, dass du im Krankenhaus liegst?

Und wie! Ich bin es nicht gewöhnt, dass ständig Frauen in mein Zimmer kommen.

Wieso ständig?

Ich weiß auch nicht. Jedes Mal, wenn ich in der Nacht endlich einnicke, höre ich die Türklinke heruntergehen und eine Krankenschwester steht neben meinem Bett und fummelt an mir herum. Ich habe ihr gesagt, sie solle mir ein Handtuch geben, auf das ich mich legen kann, damit das Laken nicht ständig gewechselt werden muss. Sie hört nicht auf mich.

Papa, ich habe Handtücher mitgebracht. Leg doch deine eigenen drunter. Ich nehme die Wäsche abends wieder mit.

Du brauchst nicht auch noch meine Wäsche zu machen. Mach dir über diese Dinge bitte keine Gedanken. Schwitz du mal in Ruhe auf unseren Handtüchern.

Mein Vater wird von der Radiologin aus dem Röntgenraum herausbegleitet. Ihre Hand liegt auf seinem Rücken. Vater weckt oft Beschützerinstinkte, gerade bei Frauen. Man muss auf meinen Vater bloß mal einen Blick werfen, dann versteht man, warum. Und dann noch das langsame Laufen, da legt man ihm wenigstens eine Hand auf den Rücken. Nicht um seinen Gang zu beschleunigen, sondern nur so, aus Freundlichkeit.

Wir gehen in sein Zimmer. Auf dem Nachttisch liegt ein merkwürdiges Gerät. Ich lasse es mir von meinem Vater erklären. Die Physiotherapeutin war am Morgen da und zeigte ihm, wie er seine Lunge mit dem Pustespielzeug trainieren könne. Er bläst in das Mundteil, dessen Plastikschlauch in den durchsichtigen Bauch des Gerätes führt. Darin befinden sich drei Röhren mit je einer Kugel. Bläst man normal durch, hebt sich die hellblaue Kugel. Pustet man kräftiger, steigt durch die

Atemluft auch die zweite, mittelblaue Kugel im mittleren Rohr. Und wenn man so kräftig bläst, dass einem fast schlecht wird, hebt sich auch die dritte, dunkelblaue Kugel in der letzten Säule. Papas Lungenvolumen reicht gerade dafür aus, dass die erste Kugel wie eine Rakete hochschießt und sofort runterfällt. Die zweite Kugel bewegt sich nur minimal.

So, genug für heute.

Wie oft sollst du denn pusten?

Jeden Tag ein paar Minuten.

Und dann?

Ist die Lunge gut belüftet.

Hat deine Therapeutin das so gesagt? Lunge lüften?

Genau so.

Sachen gibt es.

Ja, es gibt komische Sachen. Aber erst, wenn man krank ist. Für Gesunde gibt es keine komischen Sachen.

Doch, Papa, für gesunde Menschen gibt es auch komische Sachen. Schau mal, was ich mitgebracht habe. Riech mal dran.

Waschmittel?

Nein, das ist nicht für Wäsche. Das ist für Menschen. Lavendelöl. Warte, ich tupfe es dir auf die Schläfen.

Danke, Tochter.

Mensch, Papa, du grinst schon wieder. Du musst es nicht benutzen. Mach einfach so, wie du Lust hast.

Ja, ich mache sowieso, wie ich Lust habe. Von nun an mache ich nur noch, worauf ich Lust habe.

Willst du immer noch sterben?

Ich mache nur noch, wie ich will.

Und sterben, Papa. Willst du immer noch sterben?

Ja.

Ich weiß, wie das sein wird. Der Arzt hat gesagt, dass du ersticken wirst.

Das werden wir dann sehen.

Was heißt hier, »das werden wir dann sehen«? Ich werde es sehen. Du bist doch nicht mehr zurechnungsfähig.

Du musst ja nicht zugucken.

Ach ja? Wer bringt dich denn dahin? Wer schaut denn deinem Leiden zu? Wer trägt denn deine Leiche den Berg hinunter? Papa, du denkst immer, alles käme von alleine. Aber nichts kommt von alleine. Wir müssen planen, Papa.

Du willst immer organisieren. Du organisierst dich noch zu Tode.

Richtig, Papa. Ich werde einen Arzt suchen und dann organisieren wir hier mal ein wenig. Bitte, hör auf zu lachen!

Sei froh, dass ich lache. Meine Tochter kann es kaum abwarten, dass ich sterbe. Jeder andere Vater würde jetzt weinen.

Jeder andere Vater würde kämpfen.

Ich habe mein Leben lang gekämpft.

Was hast du denn gekämpft, Papa? Du hast einfach gelebt und gearbeitet. Das machen alle Menschen so. Du kannst es kämpfen nennen. Oder leben.

Ich will nicht kämpfen, verstehst du das nicht?

Doch, ich verstehe das. Du hast Angst. Du bist erschrocken. Du hattest andere Pläne. Ich verstehe dich sehr gut. Aber du bist nicht alleine. Wir sind da, deine Kinder, deine Geschwister, Freunde. Und was ist mit deiner Liebsten? Ihr wolltet neu anfangen. Ist das jetzt deine Antwort darauf? Hast du sie angerufen? Soll ich das machen? Papa? Was ist denn jetzt wieder los? Bitte weine nicht. Papa, es wird alles gut, ich helfe dir. Bitte. Papa. Nicht weinen.

Ich laufe auf den Gang heraus und falle Vaters Ärztin in die Arme. Ich lege sofort los: Sie müssen helfen. Er weint. Ich halte das nicht mehr aus. Er weint ständig. Und der andere Arzt sagt, mein Vater könne doch nicht operiert werden. Ich weiß nicht mehr weiter und jeden Tag geht es ihm schlechter. Er sieht nicht gut aus. Sehen Sie das nicht? Ich habe Ihnen das blühende Leben gebracht und Sie gehen so mit meinem Vater um! Das geht doch nicht. Das ist doch keine Art. Ich weiß nicht, was die anderen Kinder auf dieser Station für ihre Väter empfinden. Aber wir lieben unseren Vater wie wahnsinnig und wir werden nicht zulassen, dass ihm ein Haar gekrümmt wird. Verstehen Sie? Er sitzt in diesem Zimmer mit Blick auf den Parkplatz, sein Bettnachbar ist ihm auch schon weggestorben, das ist alles so furchteinflößend.

Frau Kiyak, versucht sie, mich zu beruhigen, der Zustand Ihres Vaters verschlechtert sich und wir können ihn so nicht operieren. Er hat Fieber und reagiert auf das Antibiotikum nicht. Sein Tumor wächst vor unseren Augen und hat sich um die Hälfte vergrößert. Er ist nicht mehr auf der OP-Liste.

Er ist nicht mehr auf der OP-Liste? Auf welcher Liste ist er denn dann? Zu einer Operation hätte ich ihn sicher noch überreden können. Aber eine Chemotherapie wird unser Vater nicht machen. Das weiß ich. Sie müssen ihn operieren.

Er ist nicht mehr auf der Liste, wiederholt die Ärztin, es tut mir leid. Mein Angebot gilt noch. Ich halte viel von einem gemeinsamen Gespräch mit unserem Psychologen, Ihnen, Ihrem Vater und mir. Morgen um zehn.

Ich gehe zu meinem Vater ins Zimmer zurück. Er sitzt wie immer, wenn ich ihn in seinem Zimmer antreffe, auf der rechten Seite des Tisches. Er hält mir seine Telefonkarte hin.

Das Guthaben ist aufgebracht.

Dann lade ich es wieder auf, Papa.

Ich rufe sie an und erzähle ihr alles.

Mach das, Papa. Deine Liebste ruft jeden Abend bei mir an, ich will nicht mehr flunkern. Sie ahnt es doch ohnehin schon.

Ja.

Du sitzt da wie ein kleines Kind.

Man wird hier zum Kind. Essen kommt rein, nachts wird das Bett frisch bezogen, fehlt nur noch, dass sie mir den Hintern abwischen.

Du siehst müde aus, Papa. Leg dich in dein Bett und erzähl mir etwas.

Ich kann nicht schlafen.

Macht nichts. Du legst dich einfach ein wenig hin. Deckst dich gut zu und ich lasse den frischen Frühlingswind rein.

Ich lege mich hin, aber ich werde nicht schlafen.

Nein, du legst dich einfach unter die Decken und erzählst mir, was dir gerade einfällt. Deine Tochter möchte jetzt eine schöne Geschichte hören. Warst du ein braves Kind? Was habt ihr gegessen? Komm, ich schüttle dein Bett auf und du machst es dir bequem.

*

Du willst immer wissen, ob ich verliebt war. Ich war nie verliebt. In Kurdistan haben sich die Jungs nicht verliebt. Wir haben so etwas nicht getan, wir waren reine und gutmütige Knaben. Wenn wir erwachsen wurden, heirateten wir und verliebten uns in der Hochzeitsnacht in unsere Ehefrau. Nun glaube doch einmal, was ich dir sage!

Na gut, da war eine Sache. Meine Geographielehrerin aus der Mittelschule. Ich war vierzehn Jahre alt und begehrte sie. Wann immer ich sie traf, fragte ich: *Hocam*, also Frau Lehrerin, *hocam*, mangelt es Ihnen an etwas? Brauchen Sie Hilfe mit Ihrer Tasche? Als du in dem Alter warst, hättest du so etwas als »anschleimen« bezeichnet, aber bei uns kam das der Handlung gleich, die man »bis zum Äußersten gehen« bezeichnet. Lass mal, Junge, ich komme zurecht, zierte sich meine Lehrerin und lehnte mein seriöses Angebot ab.

Dann gab es da noch ein Mädchen. Es fing damit an, dass sie mich anschaute, ich schaute zurück. Später starrte sie mich an und ich starrte zurück. Es ging über zum Glotzen. Sie glotzte, ich glotzte zurück.

Manchmal stieg ich in die Akazie vor ihrem Haus und wartete auf sie, damit ich sie mal in Ruhe beobachten konnte. Aber von oben war das Vergnügen nicht ganz so süß wie von Angesicht zu Angesicht. Hundert Prozent lief nichts. Knutschen auch nicht. Wir wussten nicht mal, was das ist. Vielleicht hat es von tausend Jungs in Bingöl mal einer gemacht, aber mit Sicherheit tausenduniversummillionenprozentig nicht ich! Du konntest schon wegen des Anschauens eines Mädchens verprügelt werden, stell dir vor, man würde beim Händchenhalten oder Küssen erwischt. In den Dörfern war es grundsätzlich leichter, miteinander anzubandeln. Die Häuser standen weit auseinander, man ging mit den Tieren auf die Weide, man war an Flüssen und Bächen, und in den alevitischen Dörfern ging es ohnehin etwas ungezwungener zu, weil es kein Problem war, wenn sich Besuch im Haus aufhielt, ohne dass der Hausherr anwesend war. Aber in Bingöl lebten in der Mehrzahl Sunniten, die waren strenger mit allem. Die Häuser standen dicht an dicht. Es gab kaum Raum für Geheimnisse, aber ich versuche, dir gerade zu erklären, dass dein Vater ein absoluter Gentleman war. Vielleicht der größte und einzige im gesamten ost- und zentralanatolischen Raum, eingeschlossen die Grenzgebiete zum Iran und Irak und dem Himmel darüber!

*

Es geht mir wie eine Acht im Kopf herum. Papa ist nicht mehr auf der OP-Liste. Papa ist nicht mehr auf der OP-Liste. Papa ist nicht mehr … Am Automaten lade ich die Telefonkarte, die man für Telefon, Fernseher und Radiogerät benötigt, mit dem Höchstbetrag von fünfzig Euro auf und hoffe, dass es für ein ausführliches Gespräch in die Türkei reicht. Ein Gespräch, in dem mein Vater seiner Liebsten erzählen muss, dass er unheilbar an Krebs erkrankt ist. Im Garten vor der Tür pflücke ich Märzenbecher und gehe hoch ins zweite Stockwerk. Ich begegne einer Patientin, die mir zunickt. Ich kann einige der Schwestern, Pfleger und Patienten mit ihren Angehörigen bereits einordnen. Leise betrete ich das Zimmer meines Vaters. Er ist eingeschlafen. Ich halte meine Hand über seine Stirn, um ihn nicht aufzuwecken. Ich spüre die Hitze an meiner Handfläche. Leise lege ich die Telefonkarte auf seinen Nachttisch und die Blumen daneben. Ich gehe in das Badezimmer und sammle die benutzten Handtücher ein. Im Kleiderschrank finde ich Wäsche, die gewaschen werden muss. Ich räume den Schrank ein wenig auf, prüfe, ob alles Nötige vorhanden ist und verlasse das Krankenhaus. Im Auto fällt mir ein, dass ich eine Woche später auf eine Konferenz in die Niederlande eingeladen bin. Ich soll eine Rede halten. Weder erinnere ich mich daran, worüber ich sprechen soll, noch wer der Gastgeber ist und an welchem Ort genau das Ganze stattfindet. Nur mit Mühe gelingt es mir, mich an den richtigen Wochentag zu erinnern. Wie soll ich schreiben und ausklammern, was mich so besetzt? Wie soll ich ins Flugzeug steigen? Papa ist nicht mehr auf der OP-Liste. Die Autobahn ist wieder voll.

*

Zu Hause angekommen rufe ich meinen Vater an, um ihm eine gute Nacht zu wünschen.

Mir ist übrigens eingefallen, wie meine Lehrerin hieß, in die ich verliebt war.

Nämlich?

Sie hieß mit Vornamen Neval.

Buchstabierst du mal?

N-E-W-A-L.

Mit W?

Mit türkischem W, deutsch mit Vogel-Fee.

Was ist Vogel-Fee für ein Buchstabe?

Der Buchstabe, mit dem man auf Deutsch das Wort »Vogel« schreibt.

Der Buchstabe heißt V und nicht, wie du es aussprichst: Fee.

Auf Türkisch spricht man das V wie ein W und auf Deutsch ist es umgekehrt. Ich bin durcheinandergekommen.

Die Vogel-Fee gibt es im deutschen Alphabet nicht.

Nicht? Hör auf zu lachen!

Also Papa, wie heißt der Buchstabe?

Kennst du den Vogel mit den bunten Federn am Schwanz?

Ja und?

Vogel-Pfau.

Richtig, Vogel-V heißt der Buchstabe. Aber weißt du auch, dass der Pfau mit P beginnt?

*

Es gab eine Zeit, da fühlte ich mich stark und unverwüstlich. Ich spürte meine Kraft. Mit meinen Beinen konnte ich Kleiderschränke verschieben. Wenn in den Kneipen, in denen ich als Studentin arbeitete, Kollegen eine Flasche mit Schraubverschluss nicht aufschrauben konnten, war ich diejenige, die sie aufbekam. Ich konnte die Kraft im Körper umleiten. Dahin, wo ich sie benötigte. Ging ich einkaufen, war es vollkommen egal, wie viele Tüten meine Einkäufe umfassten, ganz gleich, wie schwer sie waren, ich bekam alles nach Hause. Nie verlor ich einen Schlüssel. Nie fiel mir etwas herunter. Wenn jemand anderes etwas fallen ließ und ich es sah, konnte ich an die Stelle hinspringen und das Ding im freien Fall fangen. Ich konnte Walnüsse knacken, indem ich sie zwischen die Backenzähne nahm und draufbiss. Wenn ein Säugling von einem Hochhaus gefallen wäre, hätte ich das Baby aufgefangen, an meinen Busen gedrückt und es würde weiterschlafen, so sanft hätte ich meine Heldentat erledigt. Vergangenheit. Ich bin verwundet. Warum ist das, was ich erlebe, für mich so katastrophal? Es leben so viele Menschen mit so vielen Schicksalen und schaffen es, normal zu bleiben. Ich aber habe einen Kampf aufgenommen und muss ihn gewinnen. Gleichzeitig bin ich so müde.

In der Nacht träume ich von einem kleinen Jungen, vielleicht fünf Jahre alt. Dunkles Haar, dunkle Augen, die kleinen schmächtigen Finger von dunkler Hautfarbe. Er schaut mich mit seinen Augen an. Nicht fragend, nicht klagend, schaut einfach nur. Schickt seinen Blick zu mir. Dieser Blick erschießt mich. Trifft mich tief. Der Junge hebt seine Ärmchen und reibt sich die Augen. Wie kann ich beschreiben, was ich sah? Die winzigen Hände schauen aus den Ärmeln mit Bündchen heraus. Ich kann die Haut des Jungen fühlen. Die Finger sind etwas rau. Sein Haar kräftig, aber weich. Ich rieche ihn. Sein

Geruch ist der Geruch der dunkelhäutigen Jungen, lehmig, erdig, wie Rote Bete. Das Kind ist mir nicht weiter bekannt, aber ich weiß, wer es ist. Ich sehe meinen Vater als Kind. Als ich aufwachte, wusste ich, ich verliere meinen Vater.

*

Es war Arife-Tag, der Vorabend zum Ramadan. Als Alevit habe ich mit dem Ramadan natürlich nichts zu tun. Nur weil es der Todestag meiner Mutter war, ist es ein besonderer Tag für mich. Ich war zwölf Jahre alt. Es war am Nachmittag, wir gingen in die Stadt und machten Besorgungen für das Fest. Wir passten uns an, um nicht aufzufallen, und machten einfach mit. Kauften Zucker, Gemüse, was man so kauft. Als wir zu Hause waren, ging es meiner Mutter bereits sehr schlecht. Sie hatte Leberzirrhose. Einmal die Woche brachte mein Vater sie ins Krankenhaus. Ich weiß nicht genau, was sie mit ihr machten, aber durch die Krankheit sammelte sich Wasser in ihr, davon sah sie sehr dick aus. Wir kamen nach Hause und fanden unsere Mutter reglos vor. Sie starrte auf einen Punkt. Wir riefen unseren Vater. Er neigte sein Gesicht im selben Winkel wie meine Mutter und folgte ihrem Blick. Geradewegs auf das Foto unseres Bruders Ismo. Los, holt das Foto aus dem Rahmen, rief unser Vater, wir holten das Foto heraus, mein Vater legte es der Mutter auf die Brust und sie atmete dreimal stockend ein und dann … Dann war die Kerze aus.

Ich saß direkt neben ihr, als sie starb. Im ganzen Haus

ging ein Wehklagen los. Schreie, Wimmern, du weißt schon, das ganze Theater. Ich aber war wie erstarrt. Ich konnte mich nicht bewegen. Noch schlimmer als das Nichtbewegenkönnen war mein trockenes Gesicht. Allen im Raum liefen die Tränen wie Wasserbäche aus dem Gesicht und tropften auf den Leichnam meiner Mutter. Mit dem kleinen Finger rührte ich in meinem Mund umher und versuchte, etwas Spucke zu finden, um sie unbemerkt in meine Augenwinkel zu wischen. Ich wollte unbedingt aussehen, als würde ich den Tod meiner Mutter beweinen. Als gelte es, frische Scheiße in die Gerberei zu schaffen, wurde unsere Mutter noch am gleichen Tag beigesetzt. Das ist so eine Redensart mit der Gerberei. Früher brauchte man zum Gerben Hundescheiße, aber frisch musste sie sein, sie musste dampfen und brodeln, weil die für das Gerben erforderlichen Enzyme im Hundehaufen sonst vernichtet wären. Die ganze Straße erfuhr, dass unsere Mutter gestorben war. Sofort machten sich alle auf den Weg mit Hacken und Schaufeln, um das Grab auszuheben. Der Schnee stand zwanzig Zentimeter hoch, es war ein kalter Februartag. Sie schaufelten, während es in die Grube schneite. In der Zwischenzeit hatten sie meine Mutter gewaschen, in ihr Leichentuch gewickelt und bestatteten sie. Es ging alles so schnell. Tot. Weg!

Zurück blieben sechs Leute. Vier ledige Brüder, eine Schwester, die zugleich die Älteste unter uns Kindern zu Hause war und sofort das Regiment übernahm, und unser

Vater. Unsere älteste Schwester war im fernen Edremit verheiratet und Ismo saß im Gefängnis.

Nach dem Tod meiner Mutter übernahm meine Schwester Uriel die Küche und den Haushalt. Sie war sehr pingelig. Auf dem Sofa lagen weiße Spitzendeckchen, die sie regelmäßig wusch und bügelte. Wir gingen in das Wohnzimmer und nahmen die Deckchen runter. Einer wickelte sich ein Deckchen um den Knöchel und tat, als hätte er ihn sich verstaucht. Der andere legte den Kopf auf das Deckchen, tat, als würde er schlafen, und schnarchte. Der Nächste tanzte mit dem Deckchen Tango. Unsere Schwester kam ins Zimmer und wusste vor Hysterie nicht, wem sie zuerst das Deckchen wegnehmen sollte. Sie schrie und fluchte, und je mehr sie sich aufregte, desto mehr amüsierten wir uns. Im Laufe der Jahrzehnte ist ihr Fimmel schlimmer geworden. Sie lädt ihre Schwiegertöchter zum Essen ein und bekocht sie nach allen Regeln der Kunst. Anschließend gehen die Schwiegertöchter in die Küche und waschen das Geschirr ab. Da bereits fängt deine Tante an, unruhig zu werden. Sie kann es kaum abwarten, dass alle das Haus verlassen. Dann geht sie in die Küche, legt das Geschirr in die Spüle und fängt an, alles erneut abzuwaschen. Erst dann geht sie auf den Balkon, zündet sich eine Zigarette an und geht ihrer zweiten Lieblingsbeschäftigung nach. Ausschau halten, ob jemand das Haus betritt, damit sie schnell mit einem Lappen nachwischen kann.

*

Fast zwanzig Jahre ist es her. Ein Sonntag um 17.40 Uhr. Ich schaue aus meinem Zimmer auf die Straße. Wie immer an einem Sonntag um 17.40 Uhr, wenn mein Vater seine Zwölfstundenschicht in der Fabrik antrat, dauerte es drei Minuten, bis ich ihn sah, wie er die Straße entlangfuhr. Also: Mein Vater schließt um 17.40 Uhr die Wohnungstür hinter sich. Er geht die Treppenstufen in den Keller hinunter. Dort holt er sein altes Fahrrad heraus und stellt seine Arbeitstasche in den Fahrradkorb. Dann fährt er los. Einmal rechts herum. Dann links herum. Um 17.43 Uhr werde ich ihn aus meinem Zimmerfenster sehen können. Er weiß nicht, dass ich am Fenster stehe. Mein Vater fährt so langsam, dass ich Sorge habe, er könnte umfallen. Es ist wie mit dem Laufen. Man denkt, er kippt um. Aber er führt seine Bewegungen ganz besonders sorgfältig aus. Er tritt gleichmäßig in die Pedale und fährt gemächlich aus meinem Blickwinkel heraus. Ich sehe meinen Vater dabei zu, wie er um die Ecke klappert, mit der verbeulten schwarzen Arbeitstasche im Fahrradkorb hinten auf dem Gepäckträger. Fährt um die Ecke der denkmalgeschützten Häuser unserer Straße. Eine der ältesten und schönsten Gassen in unserer Stadt. In dieser Gasse hat es nie Gastarbeiter gegeben. Im ganzen Viertel hat es keine Arbeiter gegeben. In den Augen der Bewohner waren wir nicht normal angezogen, sprachen keine normale Sprache, kochten keine normalen Gerichte. Wie man richtig lebte, glaubte, sprach, sah man, wenn man auf unsere Gasse heraustrat. Während die anderen Familien ihre Sonntage mit Grillgelagen verbrachten, die Jungen an ihren Autos, die sie zum Abitur geschenkt bekommen hatten, herumschraubten und die Mädchen sich von ihren samstäglichen

Tanzabenden erholten, waren wir den ganzen Tag still, lebten mit offenen Türen, damit das Öffnen und Schließen der Türen unseren Vater nicht aufweckte. Unser Familienoberhaupt schlief, damit es nachts arbeiten gehen konnte, derweil die Familienoberhäupter der anderen Familien ihren Samstagabendrausch wegdösten. Der einzige Grund, weshalb wir in dieser feinen Gegend wohnten, wenngleich im unfeinsten Gebäude und zu einer besonders günstigen Miete, war, dass der Sohn unseres Vermieters Mitglied der neu gegründeten Partei Die Grünen war. Und weil dessen Eltern Menschenfreunde waren. So sagten sie einmal, als sie bei uns zum Essen waren. Wir sind Menschenfreunde. Mein Vater fragte unseren Vermieter: Erhard, sag mal, hast du im Krieg Juden getötet? Der Vermieter sagte: Ich gebe dir mein Wort, dass ich keinen Juden getötet habe. Mein Vater sagte: Erhard, ich glaube dir, aber nie will es jemand gewesen sein. Erhard sagte: Ja, das ist komisch. Mein Vater knuffelte ihn am Arm und sagte: Wäre ja auch komisch, im Krieg Juden zu töten und anschließend Kurden billig zur Miete wohnen zu lassen. Mein Vater konnte das ganz gut, einfach nachfragen, ohne dabei jemanden zu verletzen. Ruhe und Harmonie sind Vaters Lieblingsgefühle. *Huzur*. Wenn es zu Hause Streit gab und laut war, war es meinem Vater nie wichtig, Recht zu behalten. Er stand von seinem Sessel auf und bat um *huzur*. Manchmal lachten wir und sagten: Papa, *huzur* gibt es auf dieser Welt nur unter der Erde.

Ich konnte mir nicht vorstellen, wie Vater an den turmhohen Maschinen in der Fabrik stand und dafür sorgte, dass haarfeine Kupferdrähte richtig lackiert wurden. Wie konnte mein Vater bloß diese stumpfsinnige Arbeit und das Dröhnen der

Maschinen ertragen? Am späten Abend lag ich im Bett und schickte gute Gedanken. Halte durch Papa. Morgens gegen fünf Uhr wurde ich wach, schaute ich auf die Uhr und dachte: Gleich hast du es geschafft, Papa. Nur noch ausstempeln. Kurz duschen. Dann aufs Fahrrad und bloß nicht umkippen, Papa. Um 6.15 Uhr stellte ich mich an mein Fenster und wartete, bis mein Vater die Ecke erreichte und sie klapperig, aber doch elegant nahm, ohne hinzufallen. Drei Minuten später hörte ich meinen Vater die Treppen hinaufsteigen. Wieder eine Nacht geschafft, in der mein Vater seine verhasste Zwölfstundensonntagsschicht absolvierte, am Ende der Woche mit der regulären Nachtschicht, gewissermaßen als krönenden Abschluss obendrauf, während Gott und die Welt ruhten. Wie immer, wenn mein Vater nach Hause kam, kam er als Erstes seine Kinder besuchen. Er öffnete die Türen und legte heruntergerutschte Decken wieder zurecht. Ich stieg rasch zurück ins Bett und noch bevor mein Vater an mein Bett trat, war ich wieder eingeschlafen. Um 7.15 Uhr machte mein Vater seine Runde und weckte jedes seiner Kinder so, wie wir es wünschten. Bei dem einen Kind musste er mehrmals in das Zimmer reinkommen und die Wange streicheln. Bei dem anderen Kind musste er nur die Tür aufmachen und das Kind rief: Ich bin schon wach, Papa. In der einen Stunde, die ihm blieb, bevor er seine Kinder versorgte, hatte mein Vater Milch warm gemacht und Brote vorbereitet. Er hatte im Radio den Sender eingeschaltet, der bei seinen Kindern gerade aktuell war. Ein stiller, ausgeglichener Mensch, der wartete, bis seine Kinder um 7.50 Uhr aus dem Haus gingen, und sich dann schlafen legte. Mit dem Duft der Chemikalien aus seiner Fabrik parfümiert, gingen wir in die Schule. Vaters Arbeit klebte an unserer Haut und in unseren Haaren. Meine Tante sagte einmal, man nähert sich eurem Haus und wird von dem Geruch frisch lackierter Kupferdrähte empfangen.

Dieses Leben wartete mein Vater ab. Jahr für Jahr lebte er es weg. Wir fragten ihn: Papa, ist deine Arbeit schwer? Mein Vater lachte und sagte manchmal: Ja, meine Arbeit ist schwerer als die des Bundeskanzlers Helmut Kohl. Oder aber er behauptete das Gegenteil: Meine Arbeit ist ganz leicht und macht mich glücklich. Dann waren wir Kinder sehr aufgeregt und sagten: Das geht doch nicht, du musst dich entscheiden. Das kann doch nicht sein, dass du mal so und dann so antwortest. Mein Vater lächelte dann immer mit seinem verschmitzten Ben-Kingsley-Gesicht und entgegnete: Sucht es euch aus. Meine Arbeit ist genau so, wie ihr möchtet, dass sie ist. Er ließ uns unbefriedigt zurück. Manchmal erzählten wir unserem Vater, dass man uns fragte, was er von Beruf sei. Mein Vater sagte: Ihr müsst antworten, mein Papa ist Arbeiter. Wir waren jedes Mal enttäuscht von seiner Antwort: Papa, arbeiten ist eine Tätigkeit und kein Beruf! Dann antwortet doch, dass ich keinen Beruf habe, sondern bloß arbeite, argumentierte er. Aber was, schrien wir aufgebracht und ungeduldig zurück, WAS arbeitest du? Der Arbeiter arbeitet seine Arbeit, sagte mein Vater und dann, Ende Diskussion! Wenn mein Vater »Ende Diskussion« sagte, war wirklich Schluss, dann sagte er zum Thema nichts mehr.

Eines Tages »erwischten« wir unseren Vater, wie er in das Feld irgendeines Formulars bei Tätigkeit »Maschinenführer«

schrieb. Ein Geschwisterkind sagte: Wow, Papa, das klingt cool! Dürfen wir das auch sagen: Maschinenführer? Ja klar, sagte mein Vater. Das Geschwisterkind wagte sich noch einen Schritt vor. Heißt es »Maschinenführer« oder »Ingenieur für Maschinenführer«? Mein Vater sagte lapidar: Nicht Ingenieur, ich bin Arbeiter, ich nehme es zurück, ich erlaube euch nicht, »Maschinenführer« zu sagen. Ende Diskussion! Das Geschwisterkind aber hatte vor Scham über die niedrige Tätigkeit des Vaters die Wahrheit in der Schule wohl nicht über die Lippen gebracht. Die Lehrerin rief an und sagte: Herr Kiyak, Ihr Kind hat heute in der Klasse behauptet »mein Vater ist Fabrikdirektor«. Am Mittagstisch krümmten sich die Eltern vor Lachen, als der Vater davon berichtete. Nach dem Essen nahm mein Vater das pubertierende Kind in den Arm, liebkoste es und sagte: Sei stolz und sage mit fester Stimme, »Mein Vater ist Arbeiter«, versprichst du mir, dich nicht mehr für mich zu schämen? Das Kind versprach, sein Bestes zu geben. Ich versuche es, Papa, und weinte.

*

Eines Tages stand mein Onkel mütterlicherseits mit seiner Frau unangekündigt vor unserer Tür Mein Vater sagte: Was für eine Überraschung, ihr bringt doch hoffentlich Segen mit!?

Mein Onkel, der zwei Stunden mit dem Auto unterwegs war, um die Nachricht persönlich zu bringen, schaute traurig. Mein Vater stand schon ahnend bereit und zitterte, noch bevor mein Onkel sprach. Mein Vater hing schlaff in der Umarmung meines Onkels und schrie mit seiner verhaltenen, heiseren Stimme, und wir weinten alle mit, weil sein Schmerz uns so schmerzte. Mein Vater schaute mit einer ungeheuerlichen Panik im Blick. Meine Mutter schickte das jüngste Kind zu ihm und sagte: Geh zum Vater und berühre ihn. Aber das jüngste Kind hatte Angst vor Vaters Zustand und wir schubsten das Kind und es ging zögerlich hin und fasste den Vater am Pullover und der Vater wachte langsam aus seiner Not auf. Das Kind fragte: Warum weinst du denn? Mein Vater stand auf, holte tief Luft, griff sich dabei an sein Zwerchfell und wimmerte: Weil meine Papa tot, verstehst du? Ich hatte auch eine Papa.

»Weil meine Papa tot.« Er war wochenlang verzweifelt. Er griff uns mit seinen warmen Händen in den Nacken und zog uns zu sich heran. Manchmal zwei Kinder auf einmal. Wir hatten großes Mitleid mit ihm. In den Trauerwochen blieben Radio und Fernsehen aus. Mein Vater versuchte immer wieder vergeblich, eine Telefonverbindung in das Dorf des Großvaters zu bekommen. Da er keinen Resturlaub mehr hatte, durfte er nicht in die Türkei reisen. Man hatte den Großvater noch am gleichen Tag gewaschen und begraben. Sie hätten allenfalls zwei Tage auf ihn warten können, aber mein Vater war zu schwach, um alles zu organisieren. So saß er irgendwann einfach nur im Sessel und starrte vor sich hin. Wir fingen gemäß unserer Tradition nach vierzig Tagen an, das Radio leise wieder einzuschalten. Als es noch kein Radio gab, wurde gesungen, erzählt, das normale Leben begann wieder.

Im gleichen Jahr reiste ich mit meinem Vater ins Dorf, in dem mein Großvater begraben war. Es war Frühling. In Begleitung meiner Cousinen und Cousins stiegen wir mit meinem Vater den Hügel hinauf. Wir hielten seine Hand. Meine Cousine Melek schilderte meinem Vater immer wieder den gleichen Moment: Die letzten Tage wollte Großvater von der weichen Schlafstatt in den kühlen Vorraum auf die harte Lehmbank gebracht werden. Wir trugen ihn hin. Er wollte Ayran trinken. Nachdem er ein wenig getrunken hatte, sagte er: Grüßt meine beiden Söhne in Deutschland und starb. Wir liefen durch den Maulbeerhain und sahen schon von weitem den frischen Hügel, der am höchsten von allen emporragte, weil die Schafe ihn noch nicht flach getrampelt hatten. Mein Vater schüttelte sämtliche Kinderhände ab. Er lief wie ein alter Mann und ja, natürlich, er weinte und stieg langsam auf den Hügel mit den drei Bäumen. Oben auf dem Grab, kniete er sich hin und schmiegte sein Gesicht an den Sand. Ich dachte, wir hätten Vaters schlimmste Trauermomente bereits erlebt. Als ich mich umdrehte, sah ich, wie einige andere Dorfbewohner uns folgten. Eine Truppe trauriger Leute, die gekommen waren, um meinen Vater beizustehen, der im *gurbet*, in der Fremde, seine Arbeitskraft verkaufte und deshalb in der Todesstunde seines Vaters nicht anwesend sein konnte und sich nun deshalb in den Staub warf. Ich hörte, wie einer der Erwachsenen sagte: Sie denken, es hätte sich gelohnt, in die Fremde zu gehen, bis sie auf den Gräbern ihrer Väter liegen und bereuen.

Wochen später fragte eines von uns Kindern: Papa, was erbst du eigentlich? Mein Vater schaute verdutzt. Er antwortete: Ich erbe Vergangenheit. Und was noch, hakte das Kind nach, keine goldene Uhr? Doch, ich erbe auch eine goldene Uhr. Und wo ist die Uhr? Sie ist hier, sagte mein Vater und tippte sich auf die Brust. Aber wie kannst du die Uhrzeit ablesen, wenn sie drin ist, fragte das Kind, lief zum Radiowecker, deckte die Uhrzeit ab: Papa, wie spät ist es, was sagt die goldene Uhr? Der Vater antwortete: Diese Uhr hat keine Ziffern, sie hat nur Erinnerungen. Das passiert manchmal, dass mein Vater aus Versehen poetisch wird. Ich kenne Vaters finanzielle Verhältnisse nur zu gut. Es bleibt zu befürchten, dass auch ich nur eine goldene Uhr erben werde.

*

Mein Vater Ali Haydar trug unter seinem Hut eine Nähnadel und ein Stück Faden. Außerdem eine kurze Mine, die man anlecken musste, um damit schreiben zu können.

Die Zigarettenblättchen wurden früher in Papier gewickelt verkauft. Die Blättchen legte er gemeinsam mit dem Tabak in seine Dose. Die Papierbanderole der Blättchen hob er auf, faltete sie und steckte sie in seine Hosentasche. Manchmal holte er sie heraus, leckte seine Mine an und kritzelte etwas darauf. Mein Vater war Analphabet, umso neugieriger war ich, was er meinte, geschrieben zu haben. Baba, was hast du dir notiert, fragte ich neugierig. Was geht dich das an, fragte er zurück. Dann verstaute er seine Kritzelei wieder. Er war ein großer Geschichtenerzähler. Er sammelte die Geschichten, die ihm auf seinen Reisen zu Ohren kamen und sortierte sie nach Regionen. Die Geschichten erzählte man sich in den Teehäusern. Oder auf der Straße, in den Gärten, wo ganze Familien hockten und zuhörten. Es wurden kleine grüne Pflaumen mit Salz geknabbert, oder geröstete Kichererbsen. Der eine fing an, eine Geschichte zu erzählen, hörte auf und den Anschluss übernahm ein Anderer mit einer weiteren Geschichte. Eine Erzählung löste die nächste ab. Manchmal kam ein zweiter Dengbêj vorbei, ein kurdischer Volkssänger, und trug mit seinen gesungenen Erzählungen zum Repertoire der Männer bei. Alles in allem war es ein großes Vergnügen. Wenn ein Mann sieben Kinder hatte und alle heirateten und jeweils Schwiegereltern in die Familie einbrachten, die auch alle sieben Kinder hatten, kannst du ausrechnen, wie viele Geschichten das ergibt? Das macht sieben mal sieben mal sieben Geschichten.

Als ich meinem Vater nach dem Militär mitteilte, dass ich nach Deutschland zum Arbeiten gehen werde, sagte er: Mach das, mein Junge. Ich kenne sämtliche Geschichten aus Malatya, Diyarbakır, Bingöl, Karlıova, Elazığ und Kiği. Komm gesund wieder und berichte deinem Vater, was man sich im fernen Deutschland im Schatten eines Pflaumenbaums erzählt.

*

Zufällig treffe ich auf den Krankenhauspsychologen. Mit seiner Lässigkeit läuft man durch ein Krankenhaus, wenn man wie er jeden Winkel kennt und sich außerhalb der Arzt-Krankenschwester-Pfleger-Zivildienstleistenden-Hierarchie befindet. Er trägt weder Kittel noch Namensschild. Er hat einen Pullover an, wie ich ihn bei einem Mann seines Alters und Berufsstandes nicht anders erwartet hätte. Ein rötlich-blauer Strickpulli, gutsitzend, aber alles in allem nicht gerade exklusiv. Ich weiß nicht, ob ich in einer Stätte Siechender meine besten Stücke tragen würde. (Wahrscheinlich doch.) Der Mann ist mir sympathisch. Sind Sie Herrn Kiyaks Tochter? Das bin ich. Sie baten um ein Gespräch? Ich schaue ihn erstaunt an und erzähle, dass es nicht meine Idee war, mit ihm zu sprechen, sondern die der behandelnden Ärztin. Wie geht es Herrn Kiyak, will der Psychologe wissen. Herr Kiyak dachte, jetzt fängt der schöne Teil des Lebens an, umschreibe ich vorsichtig Papas Lage. So eine Nachricht platzt immer überraschend rein, erklärt er mir. Ist das so?, frage ich. Krankheit kommt in den Plänen der meisten Menschen nicht vor, meint der Psychologe, wenn es eintritt, wirft es alle aus der Bahn. Bei uns, fange ich zögerlich an, legt man sich einfach hin, richtet letzte Grüße aus und stirbt. Mein Vater hat zwar Krebs, aber seine Seele scheint mir beschädigter zu sein als seine Lunge. Ist es ihm recht, dass Sie mit mir reden, fragt der Psychologe. Ich muss lachen: Bei uns gibt es keine Privatsphäre. Ein Gespräch macht nur Sinn, wenn er es auch will, antwortet er. Schauen Sie, sage ich, Sie scheinen hier auf der Station die Dinge mit anderen Augen zu sehen. Ich glaube, mein Vater wäre froh, wenn irgendjemand mit ihm reden würde. In diesem Krankenhaus wird viel therapiert und wenig kommuniziert. Darunter leidet er sehr. Das Wenige wiederum, was man ihm erzählt, macht ihn einfach nur fertig. Er hat ein schlechtes Gewissen, weil er krank geworden ist und meint, mir damit zur Last zu fallen. Die Ärzte sagen oft »Zeit gewinnen«. Wenn er »Zeit gewinnen« hört, denkt mein Vater sich: Warum hinauszögern, was auch schneller geht? Er will sich keiner Therapie unterziehen, weil er nicht einsieht, warum er uns die Zeit rauben soll. Er braucht jetzt jemanden, der ihm verspricht, ihm beizustehen. Mir traut mein Vater diese Funktion offenbar nicht zu. Sie müssen noch etwas wissen: Mein Vater ist kürzlich geschieden worden. Mein Vater hatte das erste Mal in seinem Leben beschlossen, etwas zu tun, was nur ihm guttut.

Der Psychologe hat die ganze Zeit mit einem Fuß und dem Rücken an der Wand gelehnt. Die Arme hat er verschränkt und obwohl mehrmals Patienten an ihm vorbeigegangen sind und sich in seine Nähe stellten, in der Hoffnung, er blicke auf und grüße zurück, blickte er mir die ganze Zeit fest in die Augen und hörte zu. Es erleichtert mich, mein Anliegen an ihn zu delegieren. Je mehr ich erzähle, desto mehr merke ich, wie überfordert ich bin, wie bedürftig auch ich bin. Man lernt einen Menschen kennen und kippt in zwei Minuten sein Innerstes aus. Auch das hat die Krankheit verändert. Das Bedürfnis, Smalltalk zu führen, sich kennenzulernen, vorsichtig zu sein, hat schlagartig an Bedeutung verloren. Ich stehe vor einem fremden Menschen und spreche meine Wünsche aus, als wäre er der Weihnachtsmann.

*

Den größten Irrtum seines Lebens korrigierte mein Vater an einem Februartag. Ich begleitete ihn. Es hatte am frühen Morgen geschneit. Das Licht blendete und ließ die Schneedecke bläulich leuchten. Mein Vater neben mir schnaufte und seufzte, als ginge er zu seiner Hinrichtung. Dabei war es seine Entscheidung gewesen.

Ich will mich von deiner Mutter scheiden lassen. Wie macht man das?

Hast du es dir gut überlegt?

Wir haben uns vor so langer Zeit getrennt, was gibt es noch zu überlegen. Ich gehe nicht mehr zurück.

Was willst du machen?

Ich verlasse Deutschland und komme zweimal im Jahr meine Kinder besuchen.

Wenn du unbedingt meinst, uns zu Scheidungskindern machen zu müssen, bitte. Ich bringe dich zu einer Anwältin.

Was glaubst du, wie viel Geld soll ich mitnehmen?

Sie wird dir eine Rechnung schreiben.

Nein, ich zahle es sofort. Ich will es hinter mich bringen.

Papa, so eine Scheidung ist kein Gang zum Supermarkt. Du gehst nicht zum Anwalt und kaufst eine Scheidung. Sie vertritt dich vor dem Gericht, das deine Ehe scheiden wird. Verstehst du das?

Nein.

Die Kanzlei, zu der ich meinen Vater begleitete, befand sich in einer Remise eines verwunschenen Hinterhofs. Wenn man klingelte, lief bellend ein großer, weißer Hund los, hinter ihm her lief die Anwältin, die versuchte, den Hund zu bändigen, der an uns hochsprang, und mein Vater kippte um, eines der seltenen Male, in denen mein Vater wirklich das Gleichgewicht verlor. Wir gingen rein und nahmen Platz. Sie schaute uns an. Ich schaute meinen Vater an. Er schaute auf den Boden.

Um wen oder was geht es, versucht die Anwältin, das Gespräch zu eröffnen. Keine Antwort. Sprechen Sie Deutsch, fragt sie. Vater nickt. Wollen Sie mir erzählen, was passiert ist? Vater fängt an:

Es begann 1972 in Bingöl, als mein Vater mich überredete, die bei einem Erdbeben verschüttete und erst nach drei Tagen geborgene Tochter eines Kreisbezirksbeamten zu heiraten. Mein Vater Ali Haydar lebte allein, meine Mutter war gestorben, als ich zwölf Jahre alt war. Ich liebte meinen Vater sehr und wollte ihn nicht verletzen, aber heiraten wollte ich auch nicht. Ich zögerte meine Entscheidung hinaus. 1974 erreichte mich die Nachricht, dass es meinem Vater nicht gut gehe, ich möge sofort in die Türkei reisen. Das war ein gemeiner Trick, denn meinem Vater ging es prächtig, sein Plan war, mich endlich zu verheiraten. Die Tochter des Kreisbezirksbeamten sei Halbwaise und man sei schließlich miteinander verwandt, das verpflichte. Da ich schon mal da war, dachte ich, so ein Mist, der Jahresurlaub ist mit diesem Besuch auch verbraten, was soll's, lasse ich mich vermählen.

Die Anwältin schaute abwechselnd irritiert zu mir und dann zu meinem Vater.

Ich flüsterte ihm zu: Meinst du, du könntest die ersten dreißig Jahre weglassen?

Wieso, flüsterte mein Vater zurück, wegen dieser dreißig Jahre bin ich doch hier!

Na gut, dann setze ich mal eine Kanne Kaffee auf und wir unterhalten uns weiter, schlug die Anwältin vor.

Das Scheidungsverfahren dauerte insgesamt fünf Jahre. Zu seinem Scheidungstermin musste er vor Gericht erscheinen und wohnte bei mir. Als der Gerichtstermin vorbei war, bat er mich darum, sofort ein Flugticket zu besorgen, damit er zurückfliegen konnte. Sein Arzt hielt ihn davon ab: Herr Kiyak, Sie können nicht fliegen, mit Ihnen stimmt etwas nicht. Eine Woche später erfuhr er, dass er Krebs hat. Kafka schrieb einmal an seinen Freund: »Manchmal scheint es mir, Gehirn und Lunge hätten sich ohne mein Wissen verständigt. ›So geht es nicht weiter‹ hat das Gehirn gesagt und nach fünf Jahren hat sich die Lunge bereit erklärt zu helfen.« Genau das denke ich über meinen Vater. Seine Lunge, die miese Verräterin, wollte behilflich sein und hat nur Scheiße angerichtet.

*

Aus den Augenwinkeln sehe ich die Ärztin heraneilen, sie wirft im Laufen einen Blick auf ihre Armbanduhr. Der Psychologe, ich und die Ärztin stehen vor der Tür meines Vaters. Sie klopft, wir treten der Reihe nach ein. Mein Vater liegt in seinem Bett. Die Ärztin gibt ihm die Hand, ich sage: Guten Morgen, Papa, ich habe dir jemanden mitgebracht, ein Linker, wie du. Mein Vater hebt die Faust. Der Psychologe hebt seine Faust. Mein Vater zeigt auf sein Bett, der Psychologe soll sich auf seine Bettkante setzen. Er nimmt Vaters Hand: Ich heiße Harald Wächter und hoffe, Sie haben nichts dagegen, dass ich Sie besuche. Mein Vater macht eine Geste, die bedeuten soll, nein, das macht mir nichts aus. Da ein Stuhl fehlt, will ich auf dem Gang einen holen. Auch so eine unsinnige Sache, immer stehen zu wenige Stühle herum. Sobald man einen gefunden hat und wegträgt, begegnet einem garantiert der Blick einer miesepetrigen Pflegerin, die hinterherruft: Aber wieder an die gleiche Stelle zurückstellen! Daran werde ich mich nie gewöhnen. Dass ein Stuhl, der von seinem ihm zugewiesenen Platz entfernt wird, an genau die gleiche Stelle zurückmuss, statt da bleiben zu dürfen, wo er gebraucht wird, oder einfach vor die Tür gestellt werden kann. Es sind diese über den Krankenhausgang gerufenen Bemerkungen, die einschüchtern.

Als ich ins Zimmer zurückkomme, höre ich, wie die Ärztin meinem Vater erklärt, dass man bei Fieber nicht operiert. Ich setze mich so leise es geht abseits. Mein Vater starrt die Ärztin an und ich bin mir unsicher, ob er sich konzentriert oder ob er gerade dabei ist, die Nachricht, dass er nicht operiert werden kann, zu verarbeiten. Man sieht auf den ersten Blick, dass das Verhältnis zwischen meinem Vater und seiner Ärztin nicht optimal ist. Alles, was sie sagt, kommt piepsig heraus. Sie ist nicht souverän und verbreitet ein Gefühl der Unsicherheit. Auch wägt sie jedes Wort bedächtig ab, was ihre Sätze länger und länger werden lässt, was natürlich dazu führt, dass mein Vater sie nicht versteht. Also gehe ich dazwischen und frage auf Türkisch: Papa, verstehst du alles? Nein, sagt mein Vater. Also erkläre ich auf Deutsch, kurz und verständlich: Wenn man Fieber hat, darf der Chirurg nicht operieren. Warum, fragt mein

Vater. Weil es deine Sicherheit während der Operation gefährdet. Was kann man dann machen, fragt mein Vater. Die Ärztin sagt: Wir müssen versuchen, mit einem Antibiotikum die Entzündung auf Ihrem Tumor in den Griff zu kriegen. Mein Vater sieht niedergeschlagen aus. Die Ärztin fügt hinzu: Leider ist der Tumor in den letzten Tagen gewachsen. Das verringert die Chancen auf eine Operation. Das ist aber nicht das Ende, mische ich mich sofort ein und schaue hilflos zum Psychologen. Die Ärztin sagt: Wir würden eine Chemotherapie in Betracht ziehen, sobald das Fieber gesunken ist, um den Tumor auf einen operablen Zustand zu verkleinern. Mein Vater sagt: Chemo mache ich auf keinen Fall. Nun schaut auch die Ärztin ganz hilflos zum Psychologen. Der Psychologe sagt: Ich habe 1968 in Frankfurt für eine andere Gesellschaft gekämpft, ich war links und Sie sind ein Arbeiter gewesen, das steht in Ihrer Krankenakte. Waren Sie aktiv? Ja, antwortet mein Vater, ich habe in der Gewerkschaft für die 35-Stunden-Woche gekämpft. Sehen Sie, sagt der Psychologe, wir waren beide Kämpfer. Jetzt müssen Sie wieder kämpfen. Wollen wir diesen Weg zusammen gehen? Mein Vater denkt nach. Alle Augen blicken erwartungsfroh auf ihn. Vielleicht ist es die beruhigende Stimmung, die der Psychologe verströmt, vielleicht ist es meine Anwesenheit, vielleicht will mein Vater auch einfach nicht unhöflich sein und vielleicht wird er später sogar behaupten, man habe ihn verarscht, den Jahresurlaub verbraten, was soll's, jetzt ist es auch egal, aber sechs Ohren waren dabei, als mein Vater leise, aber deutlich sagte: Ja.

*

Wir gehen spazieren. Mit meinem Vater kann man gut herumlaufen. Der Park um die drei Krankenhausgebäude verschafft ein Gefühl von Freiheit. Was natürlich völlig übertrieben ist. Freiheit wäre, da sein zu können, wo man will und nicht abhängig zu sein von Blutergebnissen, Arztverabredungen, Röntgenuntersuchungen, Pilleneinnahme. Das Licht, der noch feuchte Boden unter den Füßen, der Himmel, die kleine Cafeteria, sie schenken den Augen eine kleine Abwechslung. Das Zimmer meines Vaters wurde, obwohl es ein Zweibettzimmer ist, noch nicht belegt. Über Ostern, so erfuhren wir, werden alle Patienten, die nicht nach Hause dürfen, gesammelt in einem Trakt untergebracht und alle anderen Stationen werden geschlossen. Vorher wird bei meinem Vater ambulant ein chirurgischer Eingriff durchgeführt werden. In seinem Körper hat sich im Brustraum eitrige Flüssigkeit angesammelt. Sie verursacht das Fieber. Für den Moment ist alles egal. Wir gehen durch die Allee. Die Baumrinden rechts und links des Weges duften. Später werde ich meinen Vater für seinen Eingriff im Behandlungsraum abliefern. Aber noch laufen wir. Die Luft ist so frisch.

*

Am Samstag und Sonntag hatten die Soldaten ihre freien Tage. Meine Mutter hatte Mitleid mit ihnen. Wenn sie auf einen Soldaten traf, lud sie ihn zu uns nach Hause und sagte: Junge, zieh deine Uniform aus, ich wasche sie dir. Man hatte in den fünfziger Jahren einen großen Respekt vor Soldaten. Das änderte sich später natürlich.

An Freitagen waren die Moscheen sehr voll, weil aus den umliegenden Dörfern Gläubige kamen, um das Freitagsgebet zu beten. An diesen Tagen kamen auch die Dengbêj und sangen ihre kurdischen Erzählungen. Einmal sah ich, wie die Dengbêj von der Polizei mitgenommen wurden, weil sie Kurdisch sprachen. Stell dir vor, einer wird mitgenommen, weil er öffentlich Kurdisch spricht! Die Strafen damals waren mild, man musste ein paar Tage Arbeitsdienst leisten. Später kam eine Zeit, wo man für das Kurdischsprechen in einem Gefängnis landete oder ganz verschwand.

Erst in den 68ern kam das Kino nach Bingöl. Ich war Yilmaz-Güney-Fan. Ich mochte Filme und Lieder, die unser Leben beschrieben und unsere Sprache sprachen. Nachmittags um halb fünf Uhr empfingen wir Radio Erivan, das eine halbe Stunde lang ein kurdisches Programm sendete. Alle beeilten sich mit der Arbeit, um schnell nach Hause zu kommen und die Sendung zu hören. Die kurdischen Weisen wurden bis zum Anschlag laut aufgedreht und beschallten dank unserer armenischen Nachbarn die Straßen Bingöls. Nicht jeder Haushalt besaß ein Radiogerät, aber alle sollten davon profitieren. In den Cafés gab es Radios, sie sendeten aber das staatliche Programm TRT. Die Alten waren schwer genervt von diesem Programm und riefen oft: Macht doch mal die Sabbelei aus, wir können doch selber erzählen.

*

Ich packe Vaters Sachen in seinem Zimmer zusammen. Nach dem Eingriff werde ich ihn auf seine neue Station begleiten. Die Krankenschwester meint, dass ich alles auf sein Bett legen soll. Er wird mit dem Bett auf die andere Seite der Station umziehen. Ich habe Sorge, dass er in seinem neuen Domizil keinen schönen Ausblick hat. Mein Vater weiß, dass ich zu meiner Konferenz in die Niederlande verreisen muss und wünscht sich, dass ich keine Rücksicht nehme. Wie würde er sich fühlen, wenn ich eines Tages wirklich keine Rücksicht auf ihn nehmen würde? Seine Geschichten gehen mir durch den Kopf. Ich empfinde unsere Situation als Abstieg. Die Welt in Vaters Erzählungen ist bei allen Tragödien gesellig. Regelmäßig rufen Verwandte an und bieten an, sich in ein Flugzeug zu setzen und nach Deutschland zu kommen. Aber nicht alle Verwandten haben einen aufenthaltsrechtlichen Status, der es ihnen erlaubt, ein Flugticket zu kaufen und zu kommen. Auf Ämtern für Aufenthaltsgenehmigungen anzustehen ist nichts, wofür meine Familie oder ich die Kraft haben. Ich hebe mir meine Energie für Vaters Liebste auf, für die ich seit Tagen versuche, eine Möglichkeit zum Kommen zu finden. Mein Vater hat immer weniger Appetit, hat plötzlich viel abgenommen und ist gealtert. Er leidet unter trockenen Händen, Lippen und Füßen. Er bat um eine fettige Creme. Als ich sie ihm brachte, fing er sofort an, sich einzucremen.

Ein Geschwisterkind hat bald Geburtstag. Mein Vater bat mich, in das Geburtstagspaket einen Umschlag hineinzulegen. Es ist einer seiner berühmten Zweizeilenbriefe: »Ich küsse Dich mein Kind. Dein Vater.«

Ein Pfleger hilft mir, Vaters Bett in den anderen Trakt zu schieben. Von seinem Chemozimmer blickt man in die wunderschöne Krone eines Baumes, die den Parkplatz verdeckt.

Auf der anderen Seite der Cafeteria möchte ich meinen Vater abholen. Als ich mich dem Gebäude nähere, sehe ich, wie zwei Bestatter einen Sarg in ihren Wagen schieben. Für einen Moment denke ich, dass es mein Vater ist. Aber das kann ja nicht sein, dass so schnell die Bestatter kommen. Ich renne los.

Auf der Station angekommen, heißt es, ich solle warten, mein Vater sei eben erst drangekommen. Haben Sie ihn reingehen sehen, frage ich die Schwester. Ja sicher, antwortet sie. Etwas verunsichert fragt sie nach: Herr Kiyak ist doch Ihr Vater? Ja, Herr Kiyak ist mein Vater. Noch habe ich einen.

So völlig aus der Bahn geworfen, bekommen alle Abweichungen des Alltags eine gewichtige Bedeutung. Schon wieder ist ein Mensch gestorben. Werden wir die Nächsten sein, die einem Sarg hinterherschauen, während er verladen wird? Neuerdings habe ich es mir angewöhnt, in den Himmel zu schauen. Als ob von oben eine Antwort herunterfallen würde. Wie praktisch wäre es, jetzt an einen Gott zu glauben. Von meinem Vater weiß ich, dass er jeden Abend mit seinem Gott ein Gespräch führt. Als er anfing, mich zu besuchen, weil ich nicht mehr zu Hause wohnte, fragte ich mich, mit wem er wohl abends im Bett immer telefonierte. Ich hörte seine Stimme durch die Wand. Als ich erfuhr, dass er nicht telefonierte, sondern sein Anliegen nach »oben« trug, war ich ganz schön erstaunt.

Ich fragte meinen Vater, was er dem Ärmsten da oben denn jeden Abend in seine heiligen Ohren laberte. Mein Vater antwortete, dass mich das nichts angehe. Eine Antwort, die ich nicht anders erwartet hatte. Mein Vater wehrt stets jede persönliche Frage mit einem entrüsteten »geht dich nichts an« ab, so wie er es von seinem Vater hörte. Ich glaube, dass mein Vater sich bei seinen Gesprächen mit Gott für den Tag bedankt und bei der Gelegenheit Segen für diesen und jenen erbittet. Worum soll es sonst gehen? Ich halte meinen Vater für nicht so naiv, dass er denkt, er bekomme im Zwiegespräch die Lottozahlen vorhergesagt.

Als wir Kinder Abitur machten oder die Führerscheinprüfungen bestanden, sagte mein Vater jedes Mal, dass er daran nie gezweifelt habe. Wieso eigentlich nicht, fragte ich, und er erklärte mir, dass er eine Art Antenne besitze. Ich wusste, dass du das schaffst, meine Antenne hat es mir gefunkt. Kannst du mit deiner Antenne auch Fernsehen empfangen, fragte ein anderes seiner Kinder, und wir lachten uns mal wieder ganz schön kaputt über ihn. Wir ließen unsere Phantasie weiter spielen. Papa, wie heißt denn der Fernsehkanal, den du über deine Antenne empfängst, »Papa TV«? Dann fingen wir an, seinen Sprachduktus zu imitieren. »Hallo, ih bin, Papa TV, heute nih Nahrihten, weil Antenne verr-sche-toppfft!«.

Wenn es da oben irgendjemanden gibt, wäre Bitten der richtige Weg? In welche Himmelsrichtung müsste man das devote Gebettel adressieren? Gen Osten, gen Norden? Als Alevit ist mein Vater fest davon überzeugt, dass Gott in uns ist. In jedem Grashalm, jedem Käfer, jedem Menschen. Es gibt keinen Himmel und keine Hölle nach dem Tod, es ist in uns, während wir lebendig sind. Wir müssen zu Lebzeiten über den richtigen Weg entscheiden – das Leben ist eine Prüfung.

Sehnsüchtig wartet man darauf, erwachsen zu werden, frei und unabhängig zu sein, und dann kommt immer irgendein Scheißdreck dazwischen. Man hat das Studium hinter sich und bevor man die Scheine und Seminararbeiten in einem fulminanten Rausch verbrannt hat, meldet sich irgendein Bundesamt und will das BAföG zurück. Man findet eine Herzensfreundin, meint, für den Rest des Lebens mit Freundschaft versorgt zu sein, und sie heiratet ein Arschloch, das sein Gift in alles verspritzt. Da toastet einem der Vater jahrelang morgens das Brot und kratzt mit einem Messer die schwarz verbrannten Stellen weg, damit man keinen Krebs bekommt, und dann kriegt der zur Vorsicht mahnende Schwarze-Toastbrotstellen-Abschneider Krebs. Man gewöhnt sich an Menschen, liebt sie, und am Horizont winkt bereits der Tod. Man fragt sich doch, worin der Sinn des Lebens besteht, wenn am Ende gestorben wird.

Ein junger Arzt kommt aus dem Behandlungszimmer. Er hat seine Ärmel hochgekrempelt. Darf ich zu meinem Vater, frage ich ihn. Er wird gerade von der Krankenschwester verbunden und angezogen, antwortet er. Wieso verbunden, frage ich, was haben Sie denn mit ihm gemacht? Er erklärt, dass ein Schlauch zwischen den Rippen eingeführt wird, der an eine Pumpe angeschlossen ist, die den Rippenraum leer pumpt. Aber man spürt davon doch nichts, versuche ich, mich zu vergewissern, oder haben Sie die Betäubung vergessen? Ihr Vater hat eine lokale Betäubung bekommen, aber man spürt etwas und es ist unangenehm. Er hat nicht einmal das Gesicht verzogen, das ist beachtlich, die meisten schreien auf, wenn der Schlauch eingeführt wird. Ich bin stolz auf meinen Vater, sage ich. Wir Kiyaks haben schon vor Generationen in den anatolischen Bergen durch unser robustes Gemüt beeindruckt. Es wird Ihnen nichts sagen, aber wir stammen aus der Xeramen-Sippe, die sind berühmt dafür, dass man ihnen bei lebendigem Leib Schläuche durch die Rippen stecken kann, ohne dass sie mit der Wimper zucken. Der Arzt erlaubt mir, meinen Vater abzuholen.

Er sitzt auf der Liege. Schlapp und verschwitzt. Sein Gesicht ist gelb und eingefallen. Er kann sich vor Schmerzen kaum bewegen. Sein Anblick macht mich sprachlos, weil ich von dieser Behandlung nicht dachte, dass es eine große Sache sei. Was immer sie mit ihm gemacht haben, mein Vater ist so fertig, dass jeder Atemzug schmerzt. Die Krankenschwester bindet ihm einen komischen Fummel um. Beide bewegen sich wie Schildkröten, denn jede Bewegung scheint meinen Vater umzubringen. Ich gehe aus dem Raum hinaus und treffe auf den Arzt, der bereits mit dem nächsten Patienten ein Gespräch auf dem Gang führt. Ich fasse ihn am Kittel an und kriege keinen Ton heraus. Er nimmt mich zur Seite und sagt: Er hat Schmerzmittel bekommen, das wird besser. Wie sagten Sie noch, wie heißt die Familie, aus der Sie stammen? Er braucht mehr Schmerzmittel, presse ich heraus, sofort! Gemeinsam gehen wir zurück ins Zimmer. Herr Kiyak, wendet er sich meinem Vater zu, ist es noch nicht besser geworden? Doch, doch, stammelt mein Vater mit stockendem Atem. Das sieht aber anders aus, sagt der Arzt. Sie müssen keine Schmerzen aushalten, wir wollen das nicht. Ich spritze Ihnen noch etwas, wenn Sie mir sagen, dass Sie das brauchen. Gleich wird es besser, ächzt mein Vater. Auf Türkisch erkläre ich ihm, dass es keinen Sinn hat, Schmerzen auszuhalten. Mein Vater sagt zum Arzt: Gut, bisschen noch, bitte. Der Arzt zieht eine Spritze auf. Die Krankenschwester schiebt einen Rollstuhl in das Zimmer. Mein Vater ist empört. Das will ich nicht, bäumt er sich auf. Ist aber besser, insistiert die Schwester. Nein! Der Arzt legt Vaters Flaschen und den Motor des Drainageapparates in den Rollstuhl und sagt: Ich würde mich auch nicht reinsetzen, aber man kann ihn so ganz gut umfunktionieren. Papa steht auf und schiebt den Rollstuhl mit seinen ganzen Geräten darin durch die Tür. Man merkt mit jedem Schritt, dass es ihm besser geht. Das Mittel wirkt. Als wir in seinem neuen Zimmer ankommen, legt er sich sofort hin.

Papa, es tut mir so leid für dich. Ich ahnte ja nicht, dass es so ein massiver Eingriff ist.

Besser, man sorgt dafür, dass man nie in ein Krankenhaus gerät. Wenn sie dich einmal haben, lassen sie nicht mehr los.

Sie machen, was sie machen müssen. Schau mal in die Flaschen, wie viel Eiter bereits darin ist. Es wird dir besser gehen, du wirst sehen. Seit der Schlauch drin ist, hat dein Husten aufgehört.

Und wenn sie dir die Lungen abgepumpt haben, pumpen sie dir anschließend das Hirn aus, miesepetert er weiter.

Ach, hör auf zu jammern, Papa! Na komm, erzähl mal eine deiner Geschichten und hau schön auf die Kacke. Ich will mich amüsieren.

*

Wir hatten in der Türkei auch unsere 68er. Man kämpfte für Marxismus und Leninismus, für den Austritt der Türkei aus der Nato und für die Rechte von Minderheiten. Deniz Gezmiş gehörte zu einer Gruppe revolutionärer Jurastudenten. Sie wollten, genau wie die 68er in Deutschland, die Gesellschaft verändern und schreckten selbst vor radikalen und extremistischen Methoden nicht zurück. Eines Tages, wir waren im Kino, es war zu Zeiten des Putsches 1971, kamen wir gerade aus dem Saal und traten auf die dunkle Straße. Wir sahen eine Gruppe alter Menschen, die den Hügel zum Elektrizitätswerk hochliefen. Man konnte sehen, wie der Zug der Gruppe immer länger wurde. Was ist passiert, wo wollt ihr hin, fragten wir Jüngeren die Alten. Die Kommunisten nehmen Bingöl ein, antworteten die Alten. Die Kommunisten, sagten wir, schön wär's!

Die Kommunisten sind im Anmarsch, jetzt ist es aus – die Alten waren ganz aufgeregt –, sie fangen schon an, Bomben zu werfen, hört ihr die Detonationen nicht? Man konnte aus der Ferne tatsächlich dumpfe Geräusche hören, wir schickten einen von uns auf die Landstraße. Er kam nach einer Weile wieder und sagte: Es ist ein Soldatenkonvoi, sie wollen Durchsuchungen durchführen.

Was ihr hört, ist ein defekter Auspuff. Wir Jungen teilten uns auf und begleiteten die Alten nach Hause. So war das damals, von offizieller Seite wurde so eine Angst vor den linken Studenten verbreitet, dass die Menschen in Bingöl und Umgebung lieber in der Nähe von türkischen Soldaten sein wollten als bei linken Rebellen, die sich für ihre Rechte einsetzten.

Wir lasen über den Sozialismus, es gab Raubkopien von illegalen linken Verlagen, die natürlich auch Marx verlegten. Wenn einer erwischt wurde, wurden er und seine Familie verhaftet. Damals konnte man sogar für das Lesen der von Atatürk gegründeten Zeitung *Cumhurriyet* verhaftet werden. Da die Zeitung den Laizismus vertrat, also die Entmachtung der Religion und ihre Unterordnung, galt sie als links, aber sie war ein kemalistisches Blatt, das auch unter Nationalisten sehr beliebt war. Trotzdem, wenn man sie am Kiosk kaufte, bekam man sie in einem Umschlag überreicht, als würde es sich um den Playboy handeln. Das irritierte uns, dass sogar das Konsumieren staatlicher Medien verboten wurde. In den großen Städten machte man sich verdächtig, wenn man Radio hörte oder Fernsehen sah. Es war für uns wie eine Mode, Kommunist zu sein. Wir hatten einen Kumpel, der schlecht lesen konnte, er nahm eine dieser linken Schriften in die Hand, entzifferte mühsam zwei Zeilen, lief vor die Moschee, wo die Alten saßen und schrie: Es lebe der Kommunismus, Allah ist tot! Wir dachten, bei dem ging es ja schnell! Bist du verrückt geworden, sagten wir. Es ging uns in dem Moment nicht um Gott, wir waren empört über seine Respektlosigkeit gegenüber den alten, religiösen Männern.

*

Theoretisch ist es sicher schön zu fliegen. Zu spüren, wie das Flugzeug abhebt und sich der Flugzeugboden unter den Füßen anders anfühlt. Immer wenn ich fliege, gehe ich durch die Flugzeug-Gangway und gucke mir jeden Fluggast ganz genau an. Das also werden die Menschen sein, mit denen meine abgerissenen Gliedmaßen im Taunus, Schwarzwald oder in der Sächsischen Schweiz zusammen mit den Gliedmaßen zweihundert anderer abgestürzter Reisender verstreut herumliegen werden. Man wird meine Hände und Beine in einen Beutel stecken und aus Versehen geraten ein Stück Nase und ein paar Organe eines Fremden mit in den Sack und gemeinsam werden wir beerdigt. Meine Angehörigen werden an meinem Grab meinen Tod betrauern, ohne zu wissen, dass dreißig Prozent des Körperklumpens gar nicht zu mir gehören.

Während kluge Menschen das Fliegen erfunden und zwölfjährige Jungen das physikalische Geheimnis begriffen haben, sitze ich in dem Stahlkörper und kann nicht glauben, dass es wirklich klappen kann, als Mensch in den Himmel aufzusteigen und unbeschädigt unten wieder anzukommen. Doch scheint es einen Trick zu geben und wenn ich mal doch wider Erwarten heil angekommen war, dachte ich, der Trick hat funktioniert, dieses eine Mal noch hat er funktioniert. Und das nächste Mal sitze ich erneut im Flugzeug und denke, dass es unmöglich immer funktionieren kann. Schaue mich ein letztes Mal um, schaue mir die Passagiere an, damit ich weiß, mit wem ich gemeinsam später von der Feuerwehr gefunden werde, und erstarre wie eine Eidechse, der es zu kühl geworden ist. Ignoriere sämtliche Angebote, zu essen und zu trinken, und kann nicht einmal antworten, wenn eine Flugbegleiterin meine Not erkennt und mitteilt, der Pilot habe mich eingeladen, ihn in seinem Cockpit zu besuchen, um mich davon zu überzeugen, dass ich mich in absoluter Sicherheit befinde. Ich ignoriere auch das Begehr Mitreisender, auf die Toilette gehen zu dürfen, ob ich nicht aufstehen könne, was ich natürlich nicht mache, nicht, weil ich nicht will, sondern weil ich mich vor Angst nicht bewegen kann.

Es kam schon vor, dass ich in der Laune war und am Check-in Schalter mit zittriger Stimme und rotem Kopf bat, auf der linken Seite des Flugzeuges einen Platz am Gang zu bekommen, weil, und vor so einem Satz nimmt man einen tiefen Atemzug, um mit tiefer Stimme sagen zu können, »ich Flugangstpassagier bin«, und die Stimme hält die Anspannung doch nicht durch und piepst hysterisch ein flehentliches »Bitte« hinterher, denn man hat sich nun einmal eingebildet, auf der linken Seite sicher zu sein. Es war in Köln auf dem Flughafen, als eine Durchsage im Wartebereich erklang: Der kleine Kevin und Frau Kiyak werden gebeten, zu Flugsteig B72 zu gehen. Ich wiederhole: der kleine Kevin und Frau Kiyak bitte zu B72. Frau Kiyak und der kleine Kevin, beide mit einem laminierten Ausweis um den Hals, mussten sich einen Weg durch die Warteschlange pflügen und wurden von der Beatrice in Empfang genommen. Der kleine Kevin, weil er minderjährig ist, und die große Frau Kiyak, weil sie als Angstpassagier ein Sicherheitsrisiko darstellt und deshalb auch begleitet werden musste. Wir sollten vor allen anderen einsteigen. Wie wir Beatrice hinterherliefen, fragte der kleine Kevin keck: Fliegst du auch ohne deine Eltern? Wir setzten uns auf die Plätze für Kinder und Verrückte und kriegten ein Glas Saft. Dann erst durften die anderen Reisenden das Flugzeug betreten und jeder warf einen neugierigen Blick auf uns. Während des Fluges kam Beatrice und bot dem kleinen Kevin ein Ausmalspiel an, das er jedoch schon viele Male ausgemalt hatte und deshalb großzügig seiner Sitznachbarin großzügig anbot. Später besuchte mich ein Stewart: Wenn ich Sie mal in den Arm nehmen soll, drücken Sie das Knöpfchen oben.

*

Meine Schwester Uriel ließ sich wie unsere Schwester Hediye entführen. Allerdings ohne Grund. Normalerweise fingiert man Entführungen, weil es zwischen den Familien Uneinigkeit über die Verbindung gibt, in diesem Fall haben die beiden aber eine Leiche erschossen, wie man so sagt. Wäre mein Schwager Turan zu uns nach Hause gekommen und hätte um die Hand meiner Schwester angehalten, mein Vater hätte sie ohne Wenn und Aber rausgerückt, obwohl Turan sunnitischen Glaubens war. Uriel wollte sich einfach nur wichtigmachen. Unser Schwager Turan, den wir über alles liebten, nahm sie mit zu sich nach Hause und da bekam meine Schwester die Quittung für ihre Schnapsidee. Sie war bei der berühmt-berüchtigten »Mutter Truhe« gelandet. Turans Mutter war krankhaft geizig. Sie verschloss alles in ihre Truhe. Sogar trockene Zwiebeln. Wenn wir unsere Schwester besuchten und bei ihr aßen, gab es Weizengrütze, ohne alles, nur in Wasser gekocht. Wieso hast du keine Zwiebel mitgebraten, fragten wir sie. Ich kam nicht an die Zwiebeln ran. Wo sind denn die Zwiebeln? In der Truhe. Himmelherrgott, lachten wir uns kaputt. Das nächste Mal bringen wir trockene Zwiebeln mit. Von »Mutter Truhe« hieß es später, dass sie ihren Ehemann im Keller hat verhungern lassen. Lieber sah sie ihn sterben, als dass sie ein Körnchen Reis aus der Truhe spendiert hätte. Uriel ist natürlich verrückt geworden. Bei uns zu Hause war sie die Herrscherin über den Haushalt, es herrschte Großzügigkeit, unser Vater war gutmütig und Kontrolle lag ihm fern, nun war sie in der Hölle gelandet. Turan und Uriel gingen nach Elazığ, um auf einem Bauernhof zu arbeiten. Von dort erreichte uns die Nachricht, dass Uriel den Hühnern die Füße wusch, wenn sie von der Wiese in den Hühnerstall wollten. Vermutlich polierte sie auch die Zitzen der Schafe, wir mochten uns gar nicht vorstellen, was sie mit unserem armen Schwager anstellte; mit anderen Worten, sie hatte wieder Oberwasser gewonnen, war die Chefin und putzte nach Herzenslaune. Bevor sie nach Elazığ gingen, kamen sie zu uns nach Hause. Turan bat meinen Vater um Vergebung und bot ihm an, das Brautgeld, das unserem Vater der Entführung wegen durch die Lappen gegangen war, nachzuzahlen. Er stand auf, nahm seinen Brustbeutel aus dem Hemd heraus und kramte darin rum. Was machst du, fragte mein Vater. Wie viel willst du für sie, fragte Turan. Für meine Tochter? Ich gebe sie dir umsonst, das Leben mit ihr wird dir genug Gelegenheit geben, für sie zu zahlen.

Turan führte erfolgreich eine Schlachterei, aber vermurkst durch seine Mutter und die allgemeinen Lebensbedingungen, fing er an zu spielen. Er ging in die Schlachterei, holte ein halbes Schaf heraus, ging zurück an den Spieltisch und verspielte das Fleisch. Eines Tages kam mein Bruder Arif, der in der Stadtverwaltung, Abteilung Lebensmittelüberwachung, arbeitete, zu Ohren, dass Turan angezeigt worden war. Mein Schwager sei dabei erwischt worden, wie er das Fleisch eines Esels als Fleisch eines Rindes ausgab und verkaufte. Die Behörde stürmte den Laden und ließen sich das Fleischlager zeigen. Was ist das für Fleisch, fragten sie Turan. Na was wohl, antwortete er, Hammel, Rind, Lamm. Willst du uns verarschen, das hier ist doch kein Rind, das ist ein Esel. Du spinnst wohl, sagte Turan, dein Vater ist ein Esel. Hört zu, wenn ihr abzischt, dann gebe ich euch ein Stück mit, daraus macht ihr dann einen herrlichen Schinken. Dank Arifs Kontakten gelang es Turan, die Sache zu vertuschen. Wir wussten, wir müssen unseren Schwager Turan stoppen. Seine Spielschulden vernebelten ihm das Gehirn, der hätte auch Hund als Hühnerfleisch verkauft. Außerdem wurde uns ziemlich schlecht, wenn unsere Neffen zu uns nach Hause kamen, um uns etwas vermeintlich Gutes zu bringen.

Man wusste ja nie, um was es sich in dem eingewickelten Paket wirklich handelte. Wir sollen schöne Grüße von unserem Vater Turan ausrichten, sagten unsere Neffen, ihr sollt euch das Fleisch schmecken lassen. Wir sagten: Jungs, grüßt unseren Schwager Turan lieb von uns, er soll uns nicht so verwöhnen. Meine Schwester sah sich die Verprasserei der Einnahmen aus der Schlachterei ihres Mannes eine Weile an und übernahm das Geschäft. Von da an ging es bergauf. Der Geldbeutel schwoll an und Uriels Zeigefingerkuppe wurde immer kürzer. Bald aber beherrschte sie auch die Schnitttechniken sehr gut und ließ Turan nicht mehr über die Schwelle des Ladens. Manchmal schmiss sie den umherstromernden Hunden ein paar Knochen hinterher. Die fraßen das Fleisch herunter und sie ging hinaus und sammelte die Knochen wieder ein. Wenn Turan sich blicken ließ und wieder eine herzzerreißende Geschichte erzählte, warum er mal nach hinten in den Kühlraum müsse oder an die Kasse, nahm Uriel einen der abgenagten Knochen und schmiss nach ihm: Eher lasse ich das letzte Stück Fleisch von einem Straßenköter abnagen, als es deiner Spielbagage in den Rachen zu schmeißen! Turan zog betrübt ab, während die Kundinnen im Laden Uriel applaudierten.

Doch dann machte Schwager Turan eine Wandlung durch. Er ging zur Hadsch. Wir dachten, um Gottes willen, man muss die Pilger warnen. Nicht, dass Turan beim Rundendrehen um die Kaaba einen auf Langfinger macht. Nicht doch, nicht doch, empörte sich Turan, als er mitbekam, wie wir über ihn redeten, ihr sprecht über Gottes Haus, sein Auge wacht über allem, also auch über mich. Er kam aus Mekka zurück und war wie geläutert. Wir nannten ihn fortan Hadschi Turan. Er pilgerte ein zweites Mal nach Mekka. Wieder machten wir uns lustig über ihn: Na, Hadschi Turan, hast beim ersten Mal wohl nicht alles schleppen können?

*

Als vor sechzig Jahren Gastarbeiter aus der Türkei nach Deutschland kamen und Telefongespräche teuer waren, besprach man Kassetten und gab sie Reisenden in die Türkei mit. Auf den Kassetten erzählten die Gastarbeiter aus ihrem Leben, von ihrer Arbeit, den Fabriken, beschrieben die Städte, in denen sie landeten, und am Ende der Erzählungen folgte eine Grußliste. Die Verwandten in der Heimat sprachen die Antworten auf die gleichen Kassetten, die einfach überspielt wurden, weshalb hinter einer Botschaft noch ein Rest der vorherigen Nachricht zu hören war. Auf den Bändern ließ man die Alten auf der Saz spielen und Gedichte rezitieren und vielleicht folgte noch die dringende Bitte, für einen Kranken ein Medikament zu besorgen. Man erzählte sich auch Alltägliches. Ismails Sohn hat für seinen Vater das Grundstück neben Özgürs Schafstall gekauft. Willst du deinem Onkel nicht die nötige Summe überweisen, damit wir das Grundstück oberhalb der Stadtwerke erwerben können, du weißt schon, da oben bei den Walnussbäumen? Man kniff Neugeborenen kräftig in ihre Wangen, so dass sie aufschrien, damit der Vater vom im Jahresurlaub gezeugten Kind, das er erst im kommenden Sommer sehen würde, wenigstens eine Tonprobe erhielt. Aus der Ferne erreichten ihn auf der gleichen Kassette, womöglich auf der B-Seite, die Glückwünsche der Familie und die Zusicherung, das Kind sehe dem Vater wie aus dem Gesicht geschnitten ähnlich. Aber vor lauter Aufregung über die Tonbandaufnahmen, das Geschrei und dem Trubel der Anderen, die alle auch etwas erzählen wollten, vergaß man mitzuteilen, wie das Kind hieß und welches Geschlecht es hatte. So saß der frischgebackene Vater in seinem Wohnheim in Deutschland und hörte sich die Kassette immer und immer wieder an und spielte sie seinen Kollegen vor, die ihrerseits ihre Kassetten abspielten.

Wo sind diese Kassetten abgeblieben? Wer archiviert die Erinnerungen?

Ich bin zu jung für die Erfahrung eines kranken Elternteils. In meiner Altersgruppe bekommt man Kinder und hofft, dass die Eltern hin und wieder auf sie achtgeben. Mein Vater und ich überspringen das und gehen gleich über zur Pflegebedürftigkeit. Über alles Mögliche haben die schreibenden Gastarbeiter erzählt. Über ihre Erfahrungen in der Fabrik, über das Fremdsein, über das Ankommen und Nicht-angekommen-Sein. Dann folgte die zweite Generation, von denen einige Künstler wurden. Sie schrieben über ihre Erfahrungen in der Schule, auf den Universitäten. Mit meiner Erfahrung, dass die erste Generation der Gastarbeiter in Deutschland krank wird, werde ich in der Welt der Kultur ziemlich alleine gelassen. Unter Freundinnen fragen wir einander verschämt: Sagt mal, habt ihr für eure Eltern eine Sterbeversicherung? Gibt es so etwas auch für Aleviten? Weißt du, wer die Überführungskosten übernimmt? Bietet die AOK was an? Habt ihr den Sarg zum Flughafen gebracht oder wie ist der dahin gekommen? So stellt man sich Fragen, etwas abseits einer Party oder am Rande eines Abendessens.

*

Hadschi Turan, Uriel und ich wollten einen Ausflug zu Ismo ins Dorf machen. Es war ein herrliches Dorf, die Schafe grasten auf den Sommerweiden 1500 Meter hoch über dem Meeresspiegel. Man war umgeben von Bergen, auf Kurdisch heißt Bingöl Çewlig Çolig, also Garten. Nach dem Zweiten Weltkrieg wurde es umbenannt in Bin Göl, Tausend Seen. Wir wollten die Landschaft genießen, die Luft atmen, unseren verrückten Bruder, den schrecklichen Ismo besuchen, unsere Nichten und Neffen sehen. Wir hielten es für eine gute Idee, ein Grillpicknick zu machen. Damals war Picknick in aller Munde und dein Onkel sprach viel davon. Wenn wir ihn besuchten und einer ging raus zur Quelle, um sich die Hände zu waschen, wurde er unruhig und schaute aus dem Fenster: Was ist, wo ist er geblieben, macht er ein Picknick? Deshalb dachten wir, er spricht so häufig davon, machen wir doch einmal ein richtiges Picknick. Wir besorgten Gemüse und Fleisch. Du weißt, dein Onkel blieb zeitlebens arm und besaß außer Tieren und etwas Land, eine Packung Aspirin und eine Dose Nivea. Wir machten uns mit dem Sammeltaxi – einem alten Omnibus – auf den Weg von Bingöl in das Dorf. Eine abenteuerliche Reise, denn die Serpentinen waren nicht befestigt und wenn sich zwei Omnibusse auf dem schmalen Weg begegneten und man in jenem Bus saß, der millimeterweise auf der Außenspur auszuweichen versuchte, so dass man aus dem Fenster tausend Meter in den Abgrund blickte, dann schloss man für einen kurzen Moment mit dem Leben ab.

An einem knorrigen Baum, der die Haltestelle war, ließ man uns raus. Von dort aus liefen wir mit unseren Gaben quer über die Dörfer, denn das letzte Stück musste man immer zu Fuß zurücklegen.

Hessoooooo, rief unser Bruder uns entgegen.

Wir riefen: Ismoooo.

Er rief zurück, Urieeeeeh.

Das ging so lange, bis wir uns gegenüberstanden.

So machte man das damals, man kürzte die Namen kurdisch ab, in dem man die letzte Silbe langzog und sie laut brüllte.

Dein Onkel verteilte Befehle an seine Kinder: Fateee, hol kühles Wasser aus dem Bach, Mehmoo, küss Hadschi Turans Hand, *Karri*, also Weib, *Karri*, was stehst du herum, ist Brautschau oder was, wartest du, bis ein Mann dich erwählt? Geh und mach frisches Brot, damit die Städter zu sich kommen, hopp hopp!

Wir wuschen uns und plauderten und warteten, bis alles für das Essen vorbereitet war, da kam mir die Idee, ein wenig spazieren zu gehen und frische Disteln zu sammeln, damit wir die zarten Stängel nebenher knabbern könnten.

Eine herrliche Ruhe, man genoss es sehr, wenn man in die Dörfer hinaufstieg. Hessooo, hörte ich meine Schwester schreien. Hessooo, der Ruf hallte im Zickzack zwischen den Bergen hin und her. Ich sah von weitem, wie meine Schwester eine seltsame Bewegung machte. Mit der Hand zu sich her, als wolle sie sagen, komm, und dann wieder weg, als wolle sie sagen, schnell, verschwinde.

Ich lief, so schnell ich konnte, gab es Ärger mit dem Militär? Man wusste in jenen Tagen nie. Ich kam an und sie sagte: Hadschi ist auf dem Heimweg.

Was ist denn jetzt schon wieder passiert?

Hol ihn zurück, bettelte sie, er wollte nicht mal auf den Abendbus warten, sondern laufen.

Ich rannte, so schnell ich konnte, und rief: Hadschiiii, Hadschiiii!

Irgendwann holte ich ihn ein und bat: Ganz egal, was passiert ist, komm zurück. Die Kinder haben sich so gefreut, uns zu sehen, mach sie nicht unglücklich, ich flehe dich an, was auch immer er zu dir gesagt hat, tun wir so, als hätte er mich und nicht dich gemeint.

Widerwillig zog ich ihn hinter mir her.

Als wir bei den anderen ankamen, brutzelte schon das Fleisch über dem Feuer und meine Schwägerin Naciye holte die Auberginen aus der Asche, deren Haut sie mit einem Messer abzog und das Fruchtfleisch mit einer Gabel zusammen mit einer Knoblauchzwiebel zerdrückte. Ismo würdigte uns keines Blickes.

Uriel flüsterte mir zu, was geschehen war. Hadschi war in Ismos Garten gegangen und hatte grüne Zwiebeln aus der Erde gezogen. Hadschis Zwiebelleidenschaft war allseits bekannt. Ismo sah, dass Hadschi Turan wie verrückt den Zwiebellauch aus dem Boden zog und kommentierte: In Bingöl kennt ihr so etwas wohl nicht? Er lästerte und zog ihn auf und gab einfach keine Ruhe. So war der schreckliche Ismo, wenn er draufhaute, kannte er kein Ende. Er beschämte Hadschi so sehr. Während des Picknicks schob Ismo Hadschi ständig noch ein paar Schluppen rüber: Hier Hadschi, iss dich satt! Hadschi schob das Bündel weiter zu seiner Schwägerin Naciye, die es weiter zu Uriel schob, es kam bei mir an, ging an den Kindern vorbei und wanderte durch zehn Paar Hände, bis es wieder bei Ismo landete, der es Hadschi ein zweites Mal hinschob und wieder anfing dumme Kommentare zu machen. Es war kaum auszuhalten, wie der fünfzigjährige Mann in sich gesunken lautlos seine Scham nicht zu verbergen mochte. Er stand auf und haute ab. Ismo war sich keiner Schuld bewusst. Nach dem Picknick legte er sich auf eine Decke und bevor er einschlief, murmelte er: Es geht doch nichts über ein harmonisches Familienpicknick und schlief ein.

*

Ananas, sagt der dunkelhaarige, auf der gleichen Station wie mein Vater liegende Krebspatient. An-a-nas! Ich hatte ihn gefragt, warum er so dichtes Haar hat, obwohl er Chemopatient ist. Meine Familie hat mich nach Amerika gebracht, dort bekam ich die Ananastherapie. Er hopst aufgeregt vor mir auf und ab. Sieh mal, wie beweglich ich bin. Er ist mir einerseits sehr sympathisch, vielleicht, weil seine Familie wie meine Familie nicht aus Deutschland stammt und genau wie mein Vater ständig Telefonanrufe und Besuche bekommt. Andererseits kann ich niemanden ernst nehmen, der behauptet, dem Krebs mit Ananas die Stirn zu bieten, während literweise Chemomedikamente durch seinen Körper fließen. Natürlich fange ich keine Diskussion an. Wenn jemand Krebs hat, kann er mich vollquasseln, womit er will, denn ich bin gesund und er nicht. Dieses Ungleichgewicht kann ich nur ausgleichen, indem ich mich seinem albernen Geschwätz aussetze. Er ist nun ganz in seinem Element. Sein Lungenkarzinom wurde viel zu spät entdeckt, jahrelang lief er von einem Arzt zum nächsten und wurde wegen unterschiedlicher Symptome behandelt, bis er bei einem Arzt landete, der ihm erschrocken das Röntgenbild seiner Lungen zeigte und sagte: Schauen Sie selbst, man kann es eigentlich nicht übersehen. Da war es, riesengroß und unübersehbar, doziert mir meine neue Chemobekanntschaft, ich sagte zum Arzt, ja, das kann man nicht übersehen, das ist Lungenkrebs und meine Familie brachte mich sofort nach Amerika, wo ich Ananas als Tabletten bekam. Die Person will ich sehen, die sich so eine Geschichte anhört und nicht lachen muss.

Die Ananasgeschichte begegnet mir seither in unzähligen Variationen. Ich bekam einen Anruf und wieder will jemand in den USA geheilt worden sein, dieses Mal mit Vitamin C. Ich habe bei allernächster Gelegenheit den jungen Arzt, der meinen Vater zwischen den Rippen ruiniert hat, gefragt, was er von diesen Methoden hält. Ich bekomme zur Antwort, was man in jeder drittklassigen Fernsehzeitschrift auch lesen kann. Mit Ananas kriegt man Krebs weder weg noch beugt man ihm damit vor.

*

Die Antibiotika helfen meinem Vater. Das Fieber ist gesunken. Er hat sogar ein klein wenig Appetit bekommen und etwas Käsekuchen gegessen. In meiner Abwesenheit wird mein Vater Besuch bekommen, es ist alles geregelt. Ich packe meinen Koffer. Ich werde fliegen.

*

Meine Therapeutin fragt, seit wann es so schlimm ist.

Seit mein Vater krank geworden ist.

Und wie war es vorher?

Auch schlimm.

Woran merken Sie den Unterschied?

Daran, dass ich nicht mehr ins Flugzeug einsteige.

Bevor es schlimmer wurde, sind Sie eingestiegen?

Ja. Früher bin ich immer eingestiegen. Nie habe ich einen Termin platzen lassen. Diese Konferenz in den Niederlanden ist seit langem ausgemacht. Aber ich konnte nicht. Ich habe geweint und bin nicht eingestiegen.

Weinen Sie oft?

Seit mein Vater krank ist. Davor habe ich nie geweint. Könnten Sie außer meiner Flugangst auch das Weinen wegmachen, frage ich.

Ich kann es nicht wegmachen. Sie müssen lernen, Ihre Angst zu beherrschen. Was ist im Moment das am wenigsten Aushaltbare für Sie?

Die Vorstellung, dass er tot ist und ich ihn im Flugzeug in die Türkei begleiten muss, weil sich das so gehört. Ich wünschte, dass er mir als letztes Geschenk erlauben würde, ihn in Deutschland beerdigen zu dürfen.

Haben Sie es ihm erzählt?

Nein.

Ich fahre ins Krankenhaus. Nach dem Therapietermin bin ich müde, aber aufgeräumt. Vorher hatten sich meine Gedanken wild übereinandergestapelt. Ich kann mir nicht vorstellen, dass es gelingen kann, einige Stunden mit einer fremden Person zu sprechen und anschließend »geheilt« zu sein. Wie kann Sprechen irgendetwas lindern? Wir sprechen in meiner Familie, seit ich denken kann. Über alles wird gesprochen. Über Ängste. Über die Liebe. Über das Leben. Über uns, über die anderen, wir sind die schwatzhafteste Familie auf Erden. Hat es was genützt? Die größten Zerwürfnisse kamen nur deshalb zustande, weil in unserer Familie keiner den Mund halten kann.

*

Wie viele Stunden hast du noch vor dir, Tochter?

Ein halbes Jahr lang muss ich mindestens zu ihr.

Was ist dein Gefühl? Kann sie dir helfen?

Weiß ich nicht, Papa. Mir kann, glaube ich, keiner helfen.

Geh weiter hin. Die Krankenkasse zahlt es doch, oder?

Ich bin so plemplem, dass sie es ohne einen Mucks zahlt. Die Psychotherapeuten setzen die Kranken schon auf Listen, weil es so viele sind. Ich aber kam sofort dran. Weil ich so verrückt bin.

Das ist alles wegen mir.

Ach was! In unserer Familie hat doch jeder irgendeine Störung. Meine ist halt die Flugangst.

Die Krankenkasse zahlt es?

Habe ich doch gesagt, sie zahlt jede Minute, die ich bei der Therapeutin verbringe. Mach dir wegen des Geldes keine Sorgen. Ich kann auch Geld verdienen, ohne wegzufliegen.

Ich habe dein ganzes Leben zerstört.

Das stimmt. Aber nicht wegen der Krankheit. Du warst immer schon anstrengend Papa. Irgendwer versaut einem doch immer das Leben. Dir nehme ich es am wenigsten übel.

*

Hadschi Turan fing wieder an zu spielen. Deine beiden Cousins wollten am nächsten Tag zum Viehbauern, es war nämlich Schlachttag und sie wollten Tiere kaufen. Die Summe von drei Milliarden türkischer Inflationslira versteckten sie. Sie falteten das dicke Bündel und schoben es unter die Kleidertruhe. Am nächsten Morgen war das Geld weg und die Aufregung riesig. Kein Fremder war über Nacht im Haus gewesen, die Enkelkinder in einem Alter, in dem sie höchstens einen Schein stibitzt hätten, nicht aber das ganze Bündel – wer also war der Dieb?

Uriel ging zu einem Wahrsager, der hörte sich die

Geschichte an und sagte: Es kann nur ein Familienmitglied gewesen sein. Um aber herauszufinden, wer es war, müsse er sich in Trance versetzen. Bitte, bitte, nur zu, sagte Uriel: Ich bin ganz still. Der Wahrsager leckte seinen Zeigefinger an, stupste ihn in einen Salzhaufen, der vor ihm auf dem Tisch lag, und leckte den Finger ab. Sofort begannen seine Augen sich zu verdrehen und aus seinem Inneren kamen furchterregende Geräusche. Uriel meinte, Suren herauszuhören. Es war wohl der Herrgott persönlich, der durch das Innere des Wahrsagers Kontakt aufnahm. Ich weiß, wie du den Dieb findest, sagte er. Er stand auf, holte unter seinem Bett einen Sack Kichererbsen hervor und füllte etwas in einen Beutel ab. Koche diese Kichererbsen und gib sie deiner Familie zu essen. Wenn sie aufgegessen haben, sprich zu ihnen folgenden Satz: Derjenige unter euch, der gestohlen hat, wird gleich auf die Toilette gehen und sich die Seele aus dem Leib scheißen.

Uriel ging nach Hause, kochte die Kichererbsen und tat, was ihr der Wahrsager aufgetragen hatte. Alle aßen, die Stimmung war wegen des gestohlenen Geldes schlecht. Dann sagte Uriel ihren Spruch, Hadschi Turan stand auf, ging aufs Plumpsklo und schiss sich die Seele aus dem Leib. Uriel stellte sich vor die Toilettentür und rief:

Ich habe ein Rezept gegen deinen Durchfall. Rück das Geld heraus und du wirst schlagartig geheilt sein.

Ich war es nicht, ich schwöre es, röchelte Hadschi Turan hinter der Tür, ich habe deine Kichererbsen noch nie vertragen.

Wer soll es sonst gewesen sein, der Teufel etwa?

Es muss der Teufel gewesen sein, eine andere Erklärung habe ich nicht, stammelte er.

Mitten in der Nacht schlich ein schuldbeladener Hadschi auf die Etage seines Sohnes, den er beklaut hatte und schob das Bündel Scheine zurück unter die Kleidertruhe. Unter dem Bett hatte sich Uriel versteckt und rief von dort: Wusste ich es doch.

Was hattest du mit dem Geld vor, fragte Uriel.

Ich wollte etwas verreisen.

Das kannst du, sagte Uriel, ich packe dir persönlich deinen Koffer, und so schickte sie ihren Mann ein drittes Mal nach Mekka – seitdem ist Ruhe ins Haus gekehrt.

*

Zweiundzwanzig Uhr. Ich stehe am Flughafen in Tegel und warte auf Papas Liebste. Es hat alles geklappt, ich sehe sie durch die Scheiben am Gepäckband. Obwohl sie mit meinem Vater weder verheiratet noch verwandt ist, hat sie ein Visum für Deutschland erhalten. Zwei Ministerialbeamte haben möglich gemacht, wofür Tausende andere Monate, manchmal Jahre, kämpfen müssen: eine Tochter, einen Sohn, eine Mutter, einen Vater, einen Liebsten besuchen zu können, der sterbenskrank ist. Als ich am Telefon danken wollte, konnte ich nur weinen (es nimmt langsam überhand mit dem Geflenne, neulich habe ich ohne Grund an der Supermarktkasse geweint, hatte kein Taschentuch dabei und ließ die Rotze laufen) und war dankbar und habe gleichzeitig dieses Land gehasst. Das erste Mal in meinem Leben habe ich mein Land gehasst. Ein Land, das mich zum Bettler macht, ein Land, in dem mein Vater haarfeine Kupferdrähte lackiert und auf litfasssäulengroße Spulen gewickelt hat, ausgerechnet für die Raumfahrtindustrie, wo ich doch das Fliegen so verabscheue. Der Gastarbeiter hat die Dämpfe tief in seine Lunge eingeatmet und sich über die Jahre einen schönen Krebs als Gastgeschenk erarbeitet. Ansonsten hat er Sozialversicherungsbeiträge gezahlt, seine Kinder zu Universitätsabsolventen erzogen, die trotz sauberer Kleider und festem Wohnsitz immer Bettler bleiben werden. Ein Land, das ich dafür verantwortlich mache, dass ich tat, was ich am meisten verabscheute: Beziehungen in höchsten Kreisen spielen zu lassen und Profit aus meiner Reputation zu schlagen, weil in Fragen von Leben und Tod die eigene Würde und die eigenen Prinzipien gleichgültig werden, ich kann nicht in Einzelheiten gehen, sonst kotze ich, und das alles nur, weil man zwei Liebende zueinander bringen möchte, für den Fall, dass mein Vater es nicht packen wird, denn er macht keinen guten Eindruck mehr. Zwei arme Menschen, denen der Krebs und Ländergrenzen und Ausländergesetze dazwischenkamen, aber eigentlich beginnt diese Geschichte noch viel früher, es ist die Geschichte eines Mannes, der mit dem Klang des Murat im Ohr geboren wurde und sein Land verließ, um zu arbeiten, weil er dazu eingeladen wurde und niemand daran dachte, dass diese Männer und Frauen irgendwann alt und krank werden, sie aber mit einem Bein in Deutschland leben müssen, weil ihre Rentenbezüge sonst verloren gehen, weshalb man seinen Krebs nie in der Heimat behandeln lassen kann, weil man doch hier krankenversichert ist, weshalb man auch dazu verdammt ist, hier zu sterben, und nicht in seiner anderen Heimat, beziehungsweise die Kurve schnell kriegen muss, um schnell in die Türkei zu fliegen, eigens zum schnellen Sterben, denn für langsames Sterben wird das Geld nicht reichen, denn, wir erinnern uns, die Pflegebeiträge wurden in Deutschland entrichtet, weshalb sie auch hier ausgegeben werden müssen, nur wann ist der richtige Zeitpunkt, die Therapie abzubrechen? Man sollte sich genau überlegen, wo man sein spätes Liebesglück sucht, denn in Deutschland krank zu werden, heißt immer auch, dass einen die Liebste aus der Ferne nur dann besuchen darf, wenn sie eine reiche Industrielle ist, denn gewöhnliche Menschen müssen jemanden haben, der für sie bettelt und bürgt, obwohl es doch niemanden etwas angeht, wer wie viel Geld in der Tasche hat, und ja, es ist alles so kompliziert, die Liebe, die Dankbarkeit und der Hass sind ganz nah beieinander. Ich stehe am Flughafen und nehme Vaters Liebste in Empfang, heiße sie in dieser meiner verschissenen Heimat willkommen und bringe sie mitten in der Nacht ins Krankenhaus.

*

Karfreitag wird mein Vater seine erste Chemotherapie bekommen.

*

Ich ging in Bingöl bis zur Oberschule, obwohl wir oft kein Geld hatten, um das Schulgeld zu bezahlen. An Klassenarbeiten durfte ich nur teilnehmen, wenn ich das Papier mitbrachte. Nicht immer konnte ich es kaufen. Hätte ich studieren wollen, hätte ich Geld gebraucht, um in einer Universitätsstadt zu leben, denn in Bingöl gab es keine Uni. Dass man als kurdisches Kind mit Eltern in Lehnwirtschaft ein Studium begann, gab es zu meiner Zeit nicht. Es war ja schon ungewöhnlich, dass man länger als vier Jahre zur Schule ging. Das war den Kindern der Ağas vorbehalten. Unser Ağa war der Staat. Er konnte bestimmen, wie die Menschen, die in seinem Dorf arbeiteten und seine Felder bewirtschafteten, lebten. Wenn man heiraten wollte, ging man zum Ağa und bat darum. Wenn einer zum Ağa ging und sagte: Ich möchte, dass mein Kind zur Universität geht, sagte der Ağa: Warum, weshalb, das schafft er doch sowieso nicht, in Ankara, Istanbul, Izmir kommt dein Sohn doch nie im Leben zurecht. Dein Knabe hat hier alles, was er braucht, ich gebe ihm drei Kühe, die kann er hüten, da weiß er, was er hat. Ein Ağa wollte verhindern, dass seine Bauern klug wurden. Ein studierter Bursche ist wie Gift, er wird sein Dorf verlassen und die Unterschiede sehen und womöglich in den Semesterferien mit der Raubkopie eines kommunistischen Buches im Gepäck heimkehren. Ich habe das Gymnasium mit Müh und Not beendet. Es war anstrengend, denn ich musste mir alles erarbeiten. Ich liebte Mathematik, Geographie und Geschichte. Wir hatten keine richtigen Lehrer. Es kamen Offiziere aus dem

Militär, die uns in Deutsch, Englisch und Französisch unterrichteten. Sie waren ein halbes Schuljahr da und ein halbes Schuljahr weg. Die Bildung, die wir genossen, war eine fragwürdige Angelegenheit.

*

Schaden wird es sicher nicht. Es ist nur so eine Idee. Ich kenne ein paar Nonnen, die ich darum bitten könnte, ihre Kraft in ein gemeinsames Gebet zu stecken. Diese Energie könnte uns womöglich erreichen und stärken. Ich rufe im Kloster an und bestelle eine Fürbitte. Die katholische Schwester verspricht, mein Begehr an die Pinnwand der Abtei zu heften, wo die Schwestern die Fürbittewünsche notieren. Bevor ich auflege, hake ich nach.

Schwester, wird es helfen?

Du musst daran glauben.

In Ordnung. Dann glaube ich daran. Ihr vergesst es auch nicht?

Auf keinen Fall.

Ich bin mir sicher, dass es besser ist, wenn ihr bittet, als wenn ich es mache. Weil der da oben doch bestimmt merkt, wer immer nur kommt, wenn er was braucht.

Du kannst dich darauf verlassen. Wir machen das gerne.

Ich erzähle, sobald sich hier was tut. Tschüss, Schwester.

*

Am Abend rufe ich meinen Vater an.

Papa, ich habe dir doch damals erzählt, dass eine Operation ein Sechser im Lotto wäre. Ich sagte das auf dem Stand meines damaligen Wissens. Eine Chemotherapie ist auch was Gutes.

Abwarten.

Ich habe ein schlechtes Gewissen, weil du in deine Chemotherapie gehst und denken könntest, dass die jetzige Therapieform nur zweite Wahl ist.

Ist sie doch auch.

Ganz sicher nicht.

Sie hätten mich sofort, als ich kam, operieren sollen.

Papa, weißt du denn nicht mehr, was passierte, als wir hier ankamen? Dein Zustand hat sich innerhalb weniger Stunden verschlechtert.

Sie haben in meiner Lunge herumgestochert und davon ist der Tumor gewachsen.

Der Tumor ist doch nicht gewachsen, weil sie eine Bronchoskopie gemacht haben!

Doch, damit haben sie ihn belüftet. Er ist davon aufgewacht und gewachsen.

Aufgewacht und gewachsen? Papa! Du sprichst wie ein Dorfdepp und nicht wie jemand, der lesen und schreiben kann.

Sie haben mit ihren Schläuchen in mir herumgestochert und dadurch mein Innenleben durcheinandergebracht.

Hör auf, ich sterbe vor Scham. Mit mir kannst du so reden, aber tu es bitte nicht vor anderen. Du klingst wie aus dem Urwald, wie jemand, der keinen aufrechten Gang beherrscht.

Ich möchte dich bitten, nicht so mit mir zu sprechen. Ich bin zwar krank, aber immer noch dein Papa.

*

Im Jahr 1968 wurde ich Soldat in Edremit. Zwei Jahre lang ging der Wehrdienst. Ich wurde als Lehrer eingeteilt. Alle zwei Monate kamen neue Soldaten, die von mir geschult werden sollten. Ich brachte ihnen bei, wie man aufsteht und sich setzt und einige andere Kommandos.

Gleich in der ersten Woche zweifelte ich am Sinn des Wehrdienstes. Wir mussten laufen, der Kommandeur rief: Marsch, Marsch, wir kamen an einer Art Kanalisation an und jeder dachte, jetzt wird angehalten. Wir sollten aber durch das schmutzige Wasser laufen und mit nasser Kleidung weiter. Ein Soldat, so wurde uns beigebracht, hat nie Hunger, friert und schwitzt nicht, braucht keinen Schlaf, ein Soldat schaut dem Tod freudig ins Auge. Wir waren von Feinden umgeben. Zum Beispiel Griechenland. Der Zeigefinger der Atatürk-Denkmäler schaute deshalb immer in Richtung des Ägäischen Meeres. Bulgarien war auch unser Feind, ein kommunistischer Staat ohne Religion, Moral und Ehre. Der Kommunist schläft mit seiner Mutter und hat auch mit seiner Schwester Sex, der Kommunist kann nicht nachdenken, weil ihm dazu die Rationalität fehlt, so wurde es gelehrt. Mit diesen Lektionen sollten wir vergiftet werden. Wenn man den Kommunisten trifft, hieß es, solle man ihm den Hals umdrehen. Armenien war sowieso unser Feind. Und die Araber auch, weil sie sich mit den Engländern und Franzosen gegen die Osmanen verbündet hatten. Man gab Hunden damals den Namen *arab*. Die Araber sind erst in der neueren Geschichte der Türkei verhandlungsfähige Partner geworden, weil aus ihren Pipelines, poff poff, das Öl läuft. Neben sämtlichen Nachbarstaaten, denen wir feindlich gesonnen zu sein hatten, gab es natürlich noch die innertürkischen Feinde.

In meiner Militärzeit wurde ich endgültig politisch. Ich kam in Kontakt mit Studenten, die uns erzählten, was sich in den großen Städten ereignete. Ich lebte bis 1968 in Bingöl, ohne je rausgekommen zu sein. Es war eine seltsame Stimmung in den Teeparks in Edremit. Die jungen Leute redeten über alternative Gesellschaftsformen. Ich hatte keine Zeit mich aktiv daran zu beteiligen, denn ich war beim Wehrdienst zu beschäftigt, aber es interessierte mich sehr. Gemäß der Staatsordnung waren wir alle Türken und somit gleich. Was natürlich Blödsinn war. Fast alle Soldaten, die aus dem Osten und Südosten der Türkei kamen, sprachen kein Türkisch, die wenigsten konnten lesen und schreiben. Man nannte uns Ostanatolier alle Ali, man betrachtete uns nicht als Individuen. Das Militär schickte jeden kurdischen Analphabeten in die militäreigenen Schulen. Diese Schule nannten wir unter uns Soldaten *Ali Üniversitesi*. Die »Alis« wurden auf unfassbare Weise erniedrigt und gedemütigt. Den ganzen Tag rannten und robbten sie durch den Schlamm und wenn sie fertig waren, waren sie wirklich fertig. Das ist der Grund, weshalb es nur wenige Absolventen der renommierten Ali Universität gab. Kaum auf den Stühlen sitzend, sind die Alis vor Erschöpfung zusammengebrochen.

*

Das Gespräch über die bevorstehende Chemotherapie verursacht Aufregung. Jetzt endlich wird zum ersten Mal gezielt gegen den »bösen Kollegen«, wie mein Vater seinen Tumor nennt, vorgegangen. Ich versuche, meinen Vater zu berühren. Er ist ganz knochig geworden. Die Berührungen sind ihm unangenehm. Sobald wir uns seinem Kopf nähern, wehrt mein Vater ab, aber wir bleiben dran und streichen ihm über die Haare. Mein Onkel ist da, wir Kinder, Papas Liebste, Freunde, schließlich ist es die erste Chemoinfusion. Vorher führen wir mit dem Arzt ein Gespräch, das wir auf Deutsch, Englisch und Türkisch führen, denn nicht jeder am Tisch spricht die gleiche Sprache. Auf einmal fängt der Arzt an, Türkisch zu reden. Uns fallen fast die Augen aus dem Kopf. Er freut sich über unsere verdutzten Gesichter und erklärt, dass er aus Indonesien kommt. Und warum spricht man in Indonesien Türkisch, fragen wir ihn. Das habe ich einfach so gelernt, weil es in Berlin so viele türkischsprechende Patienten gibt. Deshalb lernt man doch keine Fremdsprache, entgegnen wir erstaunt. Jemand von uns sagt auf Türkisch: Da steckt bestimmt eine Frau dahinter, er gibt es nur nicht zu. Und fügt schnell hinzu: Entschuldigung, Sie sprechen ja Türkisch!

Der indonesische Arzt sagt, mein Vater könne sich glücklich schätzen, dass er so viel Zuspruch bekomme, aber vor allem habe der Vater keine Vorerkrankungen und das sei eine hervorragende Voraussetzung für eine Chemotherapie. Mein Vater aber meint, dem Arzt doch noch Vorwürfe machen zu müssen: Wenn man mich sofort operiert hätte, dann bräuchte ich das nicht. Wie kommen Sie darauf, fragt der Arzt, in den meisten Fällen folgt auf eine Operation immer eine Chemotherapie. Trotzdem, murmelt mein Vater. Der Arzt schaut meinen Vater an und sagt auf Türkisch: Ihr Problem hier, und tippt sich dabei an die Rippen auf Lungenhöhe, macht mir weniger Sorgen als Ihr Problem hier, und tippt sich auf den Kopf. Sie müssen versuchen, den Kopf freizukriegen, um den Rest kümmern wir uns, abgemacht? Ich bin begeistert: Siehst du, Papa, dieser Arzt hat dich genau erkannt! Wir haben Jahrzehnte dafür gebraucht und dieser famose Mensch setzt sich drei Minuten mit dir hin und weiß Bescheid. Hier ist dein eigentliches Problem, wir tippen auf seinen Kopf, nicht hier, und zeigen auf den Bauch.

Der Arzt geht die Nebenwirkungen durch. Übelkeit. Kann man etwas dagegen machen, versichert er. Natürlich drückt er es anders aus. In der Kliniksprache heißt es »ins Brechzentrum zielen«. Inkontinenz. Eher unwahrscheinlich, geht aber vorüber. Appetitlosigkeit, kann man etwas dagegen machen. Depression, kann man etwas dagegen machen. Eigentlich möchte ich in die Runde rufen, dass mein Vater bereits an Appetitlosigkeit, Übelkeit und Depression leide, aber ich verkneife es mir, denn mein Vater soll keine Minderwertigkeitskomplexe bekommen. Als ich zu meinem Vater sagte: Papa, du hast eine depressive Verstimmung, entgegnete er: Nie mache ich es dir recht. Das sind die traurigen Momente, die es auch gibt, kleine

Begebenheiten, die mir zeigen, wie dünnhäutig mein Vater geworden ist. Der Arzt fragt, ob wir verstanden haben, dass die erste Infusion über sechs Stunden läuft. Er hatte uns das System ausgiebig erklärt. Wir leben in einer neuen Ära, dem Chemozeitalter. Wir rechnen nicht mehr im Dreihundertfünfundsechzig-Tage-Rhythmus, sondern in Zehner-, Vierzehner- und Siebenerschritten. Eine Chemo stationär, eine ambulant, dann Pause, dann liegen zehn Tage dazwischen und so weiter. Wenn Sie Ruhe benötigen, müssen Sie das Ihrer Familie sagen, rät der Arzt dem Vater. Nein, antwortet mein Vater, ich benötige keine Ruhe, ich möchte mit meiner Familie zusammen sein.

Die Flüssigkeit läuft durch Vaters Adern. Es sind mehrere Beutel. Jeder von uns ist genau instruiert. Sobald ein Beutel sich geleert hat, rufen wir die Schwester. Natürlich immer viel zu früh. Natürlich nerven wir. Natürlich sind wir zu ungeduldig. Stunde um Stunde vergeht und wir schauen am Infusionsständer hoch und verfolgen die Tropfen, die aus dem Beutel durch den transparenten Schlauch laufen, sich manchmal stauen und dann durch Schütteln an Schlauch, Ständer oder Kanüle weiterfließen. Mein Vater muss oft aufs Klo, weil viel Flüssigkeit in ihn fließt. Mit all seinen Schläuchen und der motorbetriebenen Pumpe an den Rippen und seiner Chemoinfusion am Ständer, stopfen wir ihn ins Klo und ermahnen ihn, die Tür nicht abzuschließen. Sobald wir die Klospülung hören, reißen wir die Tür auf. Wir wechseln uns ab, so dass immer nur eine Person im Raum ist. Mein Vater ist mittlerweile müde geworden, er kann aber nicht schlafen. Das Rückenteil des Bettes haben wir aufgestellt, er thront auf seinem Krankenlager.

*

In der Schule wurde uns beigebracht, dass der Türke einer auserwählten Rasse angehört.

Es ging immer ums Türkesein und um Atatürk. Atatürks Vermächtnis hat für Kemalisten einen ähnlichen Stellenwert wie für einen religiösen Sunniten die Worte des Propheten. Die neue Republik sollte modern sein. Am Wochenende hatte ich frei. Diejenigen meiner Kameraden, die niemanden in Edremit kannten, schliefen auch über das Wochenende in der Kaserne, da aber meine große Schwester Hediye und mein Schwager in Edremit wohnten, konnte ich bei ihnen übernachten. Sie zeigten mir die Stadt, wir gingen viel spazieren. Ich bekam eine Ahnung von der Moderne. Das Leben der Menschen in Edremit in der Westtürkei unterschied sich von unserem Leben in Bingöl in der Osttürkei wie ein Marmorpalast von einer Lehmhütte. 1500 Kilometer lagen dazwischen, man fuhr 24 Stunden, um von der Stadt am Ägäischen Meer bis zu unserer kleinen Bezirksstadt am Murat zum Fuß des Bingöl-Berges zu kommen. In Edremit flanierten die Frauen in kurzen Röcken und rauchten in Parks. Man saß auf Bänken, die Rabatten waren mit Blumen bepflanzt. Die Frauen gingen in Cafés und bestellten Mokka. Die Kinder spielten auf Spielplätzen, die zu ihrer Sicherheit mit einem Zaun begrenzt wurden. Es gab

Einkaufsstraßen. Wir dagegen, wie lebten wir? Das kam mir zum ersten Mal in den Sinn. Wie können wir in einem Land leben, in dem alle ohne Unterschied Türken sind, aber so unterschiedlich leben? Wie können wir angeblich alle Türken sein, aber unterschiedliche Sprachen sprechen? Wie konnten wir alle ohne Unterschied Türken sein, die Türken im Westen aber hatten fließendes Wasser und Elektrizität und die vermeintlichen Türken im Osten holten das Wasser aus dem Fluss und machten Licht mit Kerzen? Im Westen waren die Dörfer an die Städte angebunden, im Osten nicht. Wieso gab es im Westen Straßen, die bis in das kleinste Nest führten und im Osten gab es selbst in einer Stadt wie Bingöl nur eine Hauptverkehrsstraße? Wieso machten die Türken im Westen Ferien, gingen an den Strand, erholten sich und die »Türken« im Osten wussten gar nicht, was das ist: Ferien? Die Menschen gingen im Westen vor Gericht, die Menschen im Osten gingen zum Ağa. Das erste Mal in meinem Leben wusste ich nicht nur, dass es Unterschiede zwischen uns gab, ich sah sie auch. Ich begriff, dass uns Kurden im Osten die Entwicklungen der Moderne vorenthalten wurden. Ich verstand, was das Wort bedeutete, das die Studenten benutzten: feudale Gesellschaft. Der Westen der Türkei war eine moderne Republik, der Osten der Türkei war eine Feudalgesellschaft. Das Klima spielte natürlich auch eine Rolle, die Winter im Westen sind mild, die Sommer lang und prächtig. Bei uns im Osten herrschte sechs Monate Sommer und sechs Monate tiefster Winter. In den Wintermonaten verloren die

Dörfer den Kontakt zu den Städten, weil sie zugeschneit waren. Egal, wie ich es betrachtete, es herrschten sichtbare Unterschiede. Wir, die Kinder des Ostens, waren Stiefkinder. Wieso konnten die Kameraden aus dem Westen lesen und schreiben und meine Kameraden aus dem Osten nicht? Ich kapierte die Rechnung, nach der es sich lohnen kann, einen Teil der Bevölkerung klein und ungebildet zu halten. Denn dann bleibt mehr vom Wohlstand für die Anderen übrig. Ich verstand, dass ich zu der Gruppe gehörte, die davon nicht profitierte. Ich verstand, dass meine Familie nicht zu Barbaren wurde, weil wir Xeramens waren, sondern weil niemand dafür sorgte, dass es für kleine Xeramen-Kinder die gleichen Häuser, Straßen, Schulen, Hefte und Lehrer gab wie für die Kinder in Edremit. Willst du noch mehr über Unterschiede erfahren? Ich denke, du hast begriffen, was ich meine.

Eines Tages, ich war im Dienst, stand eine neue Gruppe von Soldaten vor mir. Der Feldwebel kam vorbei und schaute Mehdid an. Ein lustiger und musisch begabter Kerl, wie sich später herausstellen sollte. Aus einem alten Blechfass baute er eine Violine und machte Musik. Der Feldwebel brüllte Mehdid an: Vortreten!

Mehdid reagierte nicht. Vortreten, habe ich gesagt, der Feldwebel lief rot an. Ich trat vor und sagte: Melde gehorsamst, der Mann spricht kein Türkisch.

Wie kann das sein, schrie der Feldwebel. Wie kann ein Türke kein Türkisch sprechen, als erfahre er zum ersten

Mal in seinem Leben, dass die Türkei nicht nur aus türkischsprechenden Bürgern besteht.

Soll ich dafür sorgen, dass er vortritt?, fragte ich. – Vortreten, rühren, stehen bleiben – kannst du dafür sorgen, dass er das macht?, fragte mich der Feldwebel. Ich sagte die Befehle auf Kurdisch und Mehdid reagierte wie eine Eins.

Nun trat der Feldwebel vor mich, schaute mich an und zischte wütend durch die Zähne: Sprichst du etwa Kurdisch?

Ich wusste vor Angst nicht, was ich antworten sollte. Sollte ich zugeben, was er ohnehin mit eigenen Ohren gehört hatte, sollte ich leugnen, eine Sprache zu beherrschen, die es offiziell nicht gab, weil, was es nicht gibt, kann man auch nicht sprechen? Ich sagte: Ich spreche Kurdisch. Der Feldwebel schaute mich verächtlich an.

Ich ging in die Schreibstube und bat den Schreiber, in die Akte des Feldwebels zu schauen und mir zu sagen, woher der Mann kam. Die Antwort erstaunte mich nicht, unser Vorgesetzter kam aus Tunceli. Tunceli ist eine kurdisch-alevitische Stadt. Wie typisch! Man rekrutierte junge Kurden ohne Bildungs- oder andere Zukunftschancen, schickte sie in Militärschulen und machte sie zu Feinden der eigenen Volksgruppe. Aus purer Dankbarkeit wurden aus unseren Leuten loyale Staatsbürger, die türkischer waren als Türken.

Nach einem Jahr fragte mich ein Kamerad, ob ich seinen Platz in der Teestube erben will. Ich sagte, warum nicht, und erfuhr, dass ich in der Zentralbank der Kaserne gelandet war. Der Kumpel sagte: Hör zu, mein Freund, ich werde in vierzehn Tagen entlassen. Ich bringe dir bei, wie man hier die Kohle wegscheffelt, um sich nach der Militärzeit zwei schöne Jahre machen zu können. Dann weihte er mich ein. Man nehme eine Packung Tee und eine Packung Zucker. Sagen wir, beide zusammen kosten 50 Lira. Man rechnete aus, wie viele Portionen Tee man daraus verkaufen kann. Dann streckt man den Tee mit Carbonat, davon wird das Zeug so bitter, dass man die Plörre ohne Ende mit Wasser strecken kann. Die zuvor ausgerechnete Summe legt man die Kasse, alles darüber hinaus wandert in die eigene Tasche. So wurde ich in die Kunst des Bescheißens eingeweiht.

Gleich am ersten Tag bekam ich Probleme, weil ich gar nicht wusste, wohin mit dem vielen Geld. Es gab an meinem Körper gar nicht so viele Stellen, wo ich die durch ehrlich verdiente Arbeit und korrekt ausgeführte Bescheißerei verdienten Scheine hinstopfen konnte. Wenn ich mich bückte, fielen mir die Scheine aus dem Hosenbund, wenn ich mich aufrichtete, rutschten die Scheine aus den Socken.

Wir schliefen mit hundertsechzig Mann in einer Baracke. Die Baracken waren nach amerikanischem Vorbild gebaut. Es herrschte ein entsetzlicher Gestank im Raum.

Fußschweiß, Pupsgerüche, grauenhaft. Es gab nicht genug Wasser für die erforderliche Hygiene. Nachts um zwei Uhr gab es Fußkontrolle. Jemand kam mit einem Stock und alle mussten ihre Füße 30 Zentimeter über die Bettkante hinausstrecken. Der Prüfer ging durch die Reihe und schlug den Soldaten auf die Fersen. Wenn er fertig war, schliefen wir weiter.

Der Dienst an der Waffe ging so: Wir bekamen ein Gewehr und mussten es auseinandernehmen, zusammenbauen, schultern, ansetzen, zielen, abdrücken, ablegen und alles wieder von vorne. Aber ohne Munition. In meiner gesamten Militärzeit bekam man nur einmal Munition und hatte fünf Schuss auf die Zielscheibe frei. So ausgebildet wurden die jungen Soldaten zum Kriegsdienst in die Berge geschickt.

Wir hatten ein Sprichwort: Wo der Verstand aufhört, beginnt der Militärdienst.

*

Alle Zimmer und Betten in meiner Wohnung sind belegt. In der Küche kochen wir tagsüber für uns und nachts bereiten wir das Essen für meinen Vater. Er kann nicht mehr kauen und seine Zunge ist angeschwollen. Sie ist mindestens doppelt so dick wie vorher und dunkelrot. Seine Zunge brennt. Also benutzen wir beim Kochen keinen Zitronensaft. Wir bringen ihm seit seinem ersten Tag im Krankenhaus mittags und abends eine warme Mahlzeit. Im Krankenhaus gibt es abends nur Brot, das Vater nicht kauen kann, weil sein Zahnfleisch entzündet ist. Wir kochen Suppe und füllen sie in Thermoskannen. Man muss Glück haben mit den Krankenschwestern. Es ist nicht allen auf der Station recht, dass wir unseren Vater versorgen. Es hat den Anschein, als ob uns das Essen nicht gut genug sei. Ist es auch nicht. Neulich kam eine Schwester ins Zimmer, lief zum Fenster und riss es auf: Man riecht das Essen bis draußen auf den Flur! Ja stimmt. Frisch gekochtes Essen riecht stärker als Kartoffelbrei aus der Tüte. Wenn die Krankenschwester findet, dass unsere Art zu essen und zu leben nicht rechtens ist, hat es keinen Zweck zu diskutieren. Dabei würzen wir die Speisen schon gar nicht mehr, weil mein Vater geruchsempfindlich geworden ist. Die Handtücher und Kopfkissen wasche ich mit Reinigungsmitteln ohne Duftstoffe. Die Thermoskannen, in die ich die Suppe fülle, wasche ich mit Backpulver aus. Papas Liebste ist zu meinem Vater ins Krankenzimmer gezogen. Er kann kein Glas mehr halten, hat Kreislaufschwierigkeiten. Er kann keine langen Geschichten mehr erzählen.

*

Dein Großvater stand mit dem Ruf des Muezzins gegen drei Uhr am Morgen auf. Er verrichtete sein erstes Gebet. Wie Ali, der Schwiegersohn des Propheten Mohammed, betete er drei Gebete. Eigentlich zwei, das in der Mitte ließ er aus. Vater, was ist mit dem Gebet dazwischen, fragte ich ihn. Junge, es ist so heiß, das Gebet in der Mitte ist verdunstet.

*

Mein Vater hat Fieber bekommen. Papas Liebste erzählt, dass er nachts wimmert. Wir tauchen ab in seine Welt.

*

Nach dem Ruf des Muezzins, wenn die Teestuben öffneten, stand mein Vater auf und ging in die Teestube. Jeder der anderen Männer seines Alters brachte etwas mit. Der eine Brot, der andere Greis hatte Frühlingszwiebeln dabei, ein Anderer Oliven oder etwas Schafskäse. Dann aßen sie, plauderten und sahen zu, wie das Leben um sie herum begann. Die Kinder gingen in die Schule, verrückte Ehefrauen warfen mit Puschen nach ihren Ehemännern. Und die schönen Sekretärinnen hatten Schuhe mit Absätzen an und sprangen zur Seite, wenn ein Ladenbesitzer vor seinem Geschäft einen Eimer Putzwasser auf die Gasse schüttete.

Dann ging mein Vater spazieren. Jeden Tag lief er mehrere Kilometer. Er spazierte die Dörfer ab, überall kannte er jemanden. Er war ein ruhiger Mensch und hatte in seinen Jackentaschen immer ein paar geröstete Kichererbsen und Rosinen. Die Kinder wussten das und liefen ihm entgegen. Sie durften in die Jackentasche greifen und wenn sie Glück hatten, waren sogar getrocknete Maulbeeren drin.

*

Ich suche eine Wohnung, für den Fall, dass wir meinen Vater nach Hause holen dürfen. Beim Schreiben meiner Texte profitiere ich von der Routine. Penibel achte ich darauf, dass ich in meinen Texten nichts aufgreife, was mit meiner persönlichen Situation zu tun hat. Kein Wort über den Tod, nichts über Gesundheitspolitik, am besten die ganze Biologie ignorieren. Mein Vater hat die Übelkeitsphase überwunden. Allerdings hat er seinen Appetit verloren. Wir bitten ihn inständig, die kalorienhaltigen Milchgetränke zu trinken, die man ihm auf seinen Tisch gestellt hat. Es dauert ewig, bis er einen kleinen Becher ausgeleert hat. Die Geschmacksrichtungen sind natürlich eine Unverschämtheit. Erdbeere, Vanille, Schokolade. Nur süß. Wir leben in einem Land, in dem Menschen aus unterschiedlichen Ernährungskulturen kommen. Es ist nicht nachvollziehbar, dass man dieses Zeug nicht mit anderen Geschmacksrichtungen herstellt. Sauerkraut und Rote Bete für die Menschen aus dem ehemaligen Ostblock, Granatapfel, Quitte, Nuss für Patienten aus dem Orient, Sesam für den Nahen Osten, Algen für die Asiaten aus dem fernen Osten. Ich bringe meinem Vater Ayran. Er sagt, es schmecke zu salzig. Mein Vater findet alles zu süß oder zu salzig, überall seien zu viele Aromen drin. Wir achten darauf, dass er sich erst die Nase zuhält, bevor er den Becher mit der Flüssigkeit ansetzt.

Im Krankenhaus gibt es keinen Internetempfang. Ich kann in der Zeit, die ich bei meinem Vater bin, nichts Berufliches erledigen. Nicht einmal unter freiem Himmel im Park funktioniert der Empfang. Ich weiß also nicht, ob ich zu Wohnungsbesichtigungen eingeladen worden bin und muss warten, bis ich zurück in Berlin bin. Ich fahre morgens und abends ins

Krankenhaus. Papa ist sehr erschöpft, doch besteht weiter darauf, sich morgens selber zu rasieren, zu waschen, einzucremen. Seit er nicht mehr ins Badezimmer gehen kann, bittet er um eine Schüssel Wasser am Bett, sowie um Zahnbürste und Zahncreme. Als ich die Zahncreme auf die Zahnbürste drücken will, wehrt er ab. Er lässt mich alles bringen und die Schüssel halten, sonst nichts. Bei seiner Liebsten ist das anders. Die darf auch mal mit dem nassen Waschlappen über seinen Nacken wischen.

Mir fällt ein, wie ich meinem Vater einmal einen Mann vorstellte, der sich einen Bart wachsen ließ. Ich stellte den Kerl vor meinen Vater und bat: Papa, erklär dem Typen mal, dass man so jemandem nicht seine Tochter anvertraut. Der Mann lachte auf und sagte: Wieso, weil ich keinen Anzug trage? Nein, sagte mein Vater, es ist wegen dem Bart. Ein Mann muss jeden Morgen aufstehen und seinen Bart rasieren. Wieso denn das, fragte der Typ zurück. Ich haute dem Kerl auf den Hinterkopf und sagte: Hör mal zu, wenn dir mein Vater ein paar zivilisatorische Regeln beibringt. Diese Erinnerung hat keine Pointe, außer der, dass mir den ganzen Tag diese und andere Begebenheiten durch den Kopf gehen. Menschen mit Nahtoderfahrung erzählen, dass, bevor sie Lichter am Ende des Tunnels sehen, ihr Leben wie ein Film an ihnen vorbeiziehe. Das ist meine Nahtoderfahrung. Gemeinsam erlebte Episoden ziehen an mir vorbei.

*

Es war Besuchstag im Gefängnis. Mein Vater und ich wollten meinen Bruder Ismo besuchen. Eines unserer Pferde war ein trotziges, störrisches Tier. Ich wollte meinem Vater das ruhigere Pferd überlassen. Nicht doch, mein Junge, mit dem alten Hitzkopf komme ich besser zurecht. Wir ritten los, mein Vater immer ein Stück vor mir. Wir überquerten gerade den Murat, ich war auf der Brücke und sah, wie mein Vater in die Höhe flog wie die Patrone aus einer in die Luft abgefeuerten Pistole. Ich war mir sicher, meinen Vater nicht mehr lebend zu sehen, beschleunigte meinen Ritt und erreichte die andere Seite der Brücke. Ich fand ihn, wie er an einem Stamm lehnte, als hielte er ein Nickerchen. Er kaute auf einem Halm, schob die Mütze aus dem Gesicht, und sagte: Da bist du ja endlich! Ich begriff, dass mein Vater auf sich selber aufpassen kann.

*

In verschiedenen Fachzeitschriften lese ich, dass Ärzte dem Lungenkrebs mit weniger Empathie begegnen als einer Leukämie. Lungenkrebspatienten, die Raucher sind, wird unterstellt, dass sie ihre Krankheit selber verschuldet hätten. Mir fällt auf, dass in der Berichterstattung über Christoph Schlingensief immer betont wird, dann er Nichtraucher ist, ein unschuldiger Kranker. Natürlich soll es immer der Kranke sein, der Schuld hat. Nie sind es die Industrie oder die Arbeitsbedingungen.

*

Meine Geschwister und ich sagten meinem Vater Ali Haydar, nachdem wir unsere Mutter verloren hatten: Baba, bitte heirate, damit du nicht alleine bist. Nein, ich will nicht, antwortete unser Vater, die neue Frau könnte euch nie so lieben, wie ich euch liebe. Fünf Jahrzehnte lang blieb mein Vater alleine. Irgendwann kamen meine Cousins und meine Brüder dahinter, dass unser Vater und meine verwitwete Tante ineinander verliebt waren. Auch sie wollte nicht heiraten, weil sie ihren Kindern keinen neuen Vater vorsetzen wollte. Wir vermuteten, dass sie sich an den Zustand des ›sich aus der Ferne Liebens‹ gewöhnt hatten. Mein Vater spazierte durch die Dörfer und ließ Bordüren an Tücher sticken und schickte sie unserer Tante. Wenn er eine Tüte Rosinen kaufte, aß er die eine Hälfte und die andere Hälfte schickte er ihr. Später, als wir Brüder und Cousins erwachsen waren und mit unserem alten Vater beieinandersaßen, redeten wir auf ihn ein. Bitte, Onkel, sagten die Cousins, heirate unsere Mutter und mache uns Jungs endlich zu Brüdern!

*

Sitze auf meinem Sofa und habe nichts erreicht. Ich finde keine Wohnung für meinen Vater, denn wie soll man für einen Menschen eine Wohnung anmieten, der nicht selber vorstellig wird? Als ich bei der städtischen Wohnungsbaugesellschaft war, sagte mir die blöde Ziege hinter dem Schreibtisch, dass ich aufhören solle, von der Krankheit meines Vaters zu erzählen, sie finde das ekelig. Ich hatte ihr erklärt, dass mein Vater deshalb nicht persönlich erscheinen könne, weil er sich gerade in einer stationären Chemotherapie befinde und nicht in der Lage ist, länger als zwei Minuten auf den Beinen zu stehen. Am Telefon hatte ich die Zusage für eine Wohnung, die nur zwei Minuten entfernt von meiner lag. Leider hat die Frau am Telefon nur die Urlaubsvertretung gemacht, zwei Tage später bekomme ich die Meldung, die Wohnung sei anderweitig vergeben. Ist doch klar, dass ich mich ins Auto setze und hinfahre und erfahren möchte, warum die Zusage zurückgezogen wurde, zufällig nachdem ich den Namen des Mieters faxte. Ein Mieter mit einem Y im Namen ist im Prenzlauer Berg eine Zumutung. Erst soll ich erklären, warum er nicht persönlich erscheint, dann soll ich aufhören zu erzählen, weil die städtische Angestellte angewidert ist. Gibt es in Ihrer Familie keine Krankheiten, frage ich. Dann nehme ich eben die nächste Wohnung, die in meinem Viertel frei ist. Das geht nicht, sagt sie. Sie müssen sich einzeln auf die Wohnungen bewerben, aber ich kann Ihnen schon jetzt versichern, dass ohne das persönliche Erscheinen des Vaters keine Wohnung vergeben wird. Gut, dann miete ich die Wohnung an. Das geht nicht, sagt die Sachbearbeiterin, dann hätten Sie zwei Wohnungen. Na und, entgegne ich, habe ich eben zwei Wohnungen. Und da ich zwei Wohnungen nicht brauche, lasse ich in der anderen meinen Vater wohnen. Das geht nicht, dann wäre Ihr Vater der Mieter, dazu muss er sich bewerben und persönlich erscheinen. Gut, dann wohne ich eben in beiden Wohnungen, vergessen wir meinen Vater. Was wollen Sie denn mit zwei Wohnungen? Was geht es Sie an, entgegne ich. Ich sag mal so, fängt sie in ihrem Sachbearbeiterdeutsch an zu erläutern, wir haben schon viel erlebt, zum Beispiel, dass Frauen zwei Wohnungen anmieten, damit sie in der einen wohnen und in der anderen ihr Gewerbe betreiben können. Ich brauche einen Moment, bis ich kapiere. Gut, sage ich, ich brauche die Zweitwohnung, weil ich einen Puff betreiben will. Sofort schießt es aus ihr heraus: Ditt jeht aber nich, ditt sind keene Jewerbeeinheiten.

Wie oft saß ich mit der Freundin zusammen und lästerte. Wir stellten uns vor, was für eine Erleichterung es sein müsste, wenn die Eltern nicht mehr lebten, weil man endlich frei von allen Verpflichtungen wäre. Frei von der Verpflichtung anzurufen, sich zu kümmern, was eben alles zur Tochterschaft gehört. Wie es wäre, das alles nicht mehr machen zu müssen, die Macken und Schrullen nicht mehr zu ertragen, aber das sagt man doch einfach so dahin, das meint man nicht so, ehrlich, das hat man nicht so gemeint, man quatscht halt schwachsinnig rum. Dämlich, wie man ist, denkt man nicht nach, wenn man so einen Stuss von sich gibt, weil man gar nicht weiß, wie das ist, wenn man auf dem Sofa sitzt und sich nichts sehnlicher wünscht, als dass der Vater unten an der Tür klingelt und hochschwankt und man gemütlich auf dem Balkon sitzt. Oder beschließt, draußen rumzulaufen und irgendwo abzuhängen. Vielleicht erst auf den Flohmarkt gehen und dann noch essen, sich auf einer Parkbank sitzend unterhalten, sich über die Tanten und Onkel und das ganze Familienpersonal das Maul zerreißen und sich die gleichen Geschichten, von denen man immer die Hälfte abziehen muss, um in die Nähe der Wahrheit zu gelangen, wieder und wieder erzählen lassen.

Ich sitze auf dem Sofa und mag nicht, dass es das gewesen sein soll. Dass unsere gemeinsame Zeit abgelaufen sein soll. Das ist nicht fair. Jetzt, da ich endlich genug verdiene, um helfen und zurückgeben zu können. Dass es meinem Vater schlecht geht, hat sich mittlerweile herumgesprochen. Einer meldet sich und fragt, ob er meinen Vater besuchen dürfe, schließlich sei er ein feiner Mensch und das Leben zu kurz und kostbar, es sei jetzt Zeit, den Zerwürfnissen keinen Raum mehr zu geben. Solche Anrufe machen mir Angst. Keinen Wert mehr auf Streit zu legen, heißt, dass man den Vater aufgegeben hat.

Ich wünsche mir, dass mein Vater ein einziges Mal noch bei mir auf dem Sofa sitzt. Ich schließe mit mir selbst einen Pakt. Er soll das Jahr überleben, es sind nur noch ein paar Monate, nur ein paar lächerliche Monate, wenn er es überlebt, will ich mich nicht beklagen. Wenn er das Jahr überlebt und in der ersten Januarwoche stirbt, werde ich es klaglos hinnehmen. Aber bitte noch nicht in diesem Jahr. Ich weiß, dass es mich beschädigen wird, deshalb: bitte!

*

Früh am Morgen ruft mich der Arzt an. Können Sie kommen? Es geht ihm nicht gut.

*

Ich sitze an Vaters Bett. Natürlich verstehe ich seine Enttäuschung. Der Körper ist keine Maschine. Sie mussten erneut zwischen seine Rippen. Mein Vater kann die Schmerzen nicht mehr ertragen. Er hat keine Stimme mehr, so dass sein Protest unhörbar ist. Der Arzt wollte ihm eine Spritze geben, aber er zog am Ärmel des Arztes und hat es ihm nicht gestattet. Der Arzt wollte den Vater beruhigen, aber er war nicht zu beruhigen. Es kamen noch mehr Ärzte, die alle auf ihn einsprachen, er will aber nicht. Nicht noch mal durch die Rippen rein.

Ich treffe ihn auf der Station an, da haben sie ihm schon den Schlauch eingeführt. Er liegt auf dem Bett und kämpft mit der Niederlage. Seine Befürchtungen und Ängste über die Chemotherapie haben sich alle bewahrheitet. Der Krebs ist doch ungerecht. Der eine kriegt monatelang Chemo und kaut genüsslich eine Ananas nach der nächsten und ist trotz fortgeschrittenem Stadium topfit, und der andere ist ein Mann mit einer anfänglich guten Prognose, der jahrzehntelang als Fabrikarbeiter eine Nachtschicht nach der nächsten wegsteckte, hat zwischen den Rippen einen Schlauch und kann nicht mehr. Papa, versuche ich, meinen Vater vorsichtig zu mobilisieren. Das muss aus deinem Körper raus, so ist es die beste Methode und du hast recht, sie sollen dich nicht anfassen und sie sollen vorsichtig mit dir reden und sie tun es nicht und ich verspreche dir, ich gehe jetzt raus und reiße jedem einzelnen Arzt den Arsch auf, das verspreche ich dir. Aber bitte, reg dich nicht auf, ich flehe dich an, nimm einen Schluck von diesem herrlichen Vanilleshake, komm schon, dann tipp nur mit der Zungenspitze rein, danke, Papa, ich danke dir, jetzt gehe ich raus und knöpfe sie mir alle vor.

Ich gehe auf die Station und suche den Arzt in seinem Sprechzimmer auf. Er bittet mich gar nicht erst, mich zu setzen. Ich muss gleich weg, sagt er. Und: Wir sollten die Chemotherapie abbrechen. Meinen Sie unterbrechen, frage ich. Nein, abbrechen. Warum? Der Tumor reagiert nicht darauf. Und nun? Weiß ich auch nicht, sagt der Arzt. Und die Operation, frage ich, die Chemo sollte den Tumor in einen operablen Zustand bringen. Eine Operation kommt für Ihren Vater nicht in Frage, erklärt mir der Arzt, das geht nicht mehr.

*

Ich habe ihn oft gebeten, komm nach Deutschland, Baba. Ich sorge für dich. Er wollte nicht. Was soll ich da, mein Sohn? Du hast mir beschrieben, wie ihr wohnt. So kann ich nicht leben. Meine Dreizimmerwohnung ist hier. Ein Zimmer ist in Karlıova, eines in Bingöl und das dritte Zimmer ist in Karel.

*

Wie viele Tage sind vergangen? Ich komme ins Krankenhaus und starre auf den Flüssigkeitsstand in Papas Flaschen, die uns wie ein Wasserstandsanzeiger einen indirekten Blick in Vaters Innerstes gestatten. Ich wundere mich, was sich alles unrechtmäßig in ihm angesammelt hat. Der Mensch wird alt und wenn er nicht vollkommen verblödet ist, dann gewinnt er an Erfahrungen, aber das ist nicht alles. Der Mensch, wenn er zu den Pechvögeln gehört, und davon gibt es viele, läuft voll mit

Leben, mit Lieben, und von außen unsichtbar legt sich sein Leben um die Lunge und füllt den Brustraum mit infiziertem gelblich brodelndem Eiter, warum weiß man nicht, vielleicht war das Leben nicht schön, vielleicht hat der Eiter auch nichts mit der Qualität des Erlebten zu tun, jedenfalls läuft der Mensch voll und dabei verstopfen ein paar Kanäle, man kann auch sagen, das reingelaufene Leben verklebt die Eingänge, mein Vater aber benötigt freie Fahrt auf der Strecke, die seine Lunge mit Mund und Nase verbindet, er muss atmen können und deshalb muss diese Tropfsteinhöhle voll bösartigem Zellgewebe und eitrig übergelaufener Lunge leer gepumpt werden. Ich starre auf meinen Vater, verharre und meditiere und versuche, andere Bilder zu finden, weil ich es mir medizinisch noch hundertmal erklären lassen kann, und tausendmal kann ich im medizinischen Lexikon den Pleuraerguss, diese abnorme Komplikation, nachschlagen und mir die Laune verderben lassen, denn nie steht da, warum man das alles kriegt und in welcher Verbindung die Kette infektuöser Ausnahmezustände zum Leben steht, ich verstehe diese Sprache nicht, ich würde es begreifen, wenn einer käme und sagte, Ihr Vater ist wie ein vollgelaufener Keller, und deshalb hängen wir ein paar Schläuche rein und pumpen ihn leer, denn das molekulare Geschwätz kann vielleicht das Gehirn fassen, nicht aber mein Verstand. Mein Vater sieht aus wie – ich kann es nicht aussprechen.

Er liegt auf seinem Bett und schläft einen Schlaf, der keinem üblichen Schlaf gleicht. Man sieht ihm an, dass seine Körperfunktionen auf Sparflamme laufen. Papa, Papa, sende ich meine Gedanken, ich rette dich, du wirst sehen. Ich schicke dir eine Hoffnung, dieses Leben lohnt sich, auch für dich, konzentriere du dich nur auf das Einatmen und das Ausatmen, ich atme mit dir mit, im Gleichklang, und dabei verwebe ich meine Atemzüge mit deinen und bei der Gelegenheit wickle ich um jeden Atemzug meine Kraft, meine Stärke, ich bin stark wie ein Bulle und mache aus deinem schwächlichen Geschnorchel einen schönen starken Atemzug und atme ihn zurück zu dir, siehst du, einfach weiteratmen. Ich verspreche dir, dass ich dich hier heraustrage, wenn du meinst, eine kurze Atempause machen zu müssen, um als Käfer, Grashalm oder Sonnenlicht später wieder auf die Erde zurückzukommen, dann trage ich dich hier raus und wir suchen uns eine schöne Stelle mit Moos, ich habe draußen schon gesehen, wo es das gibt, aber diesen Tag bringen wir noch gemeinsam hinter uns, einatmen, Papa, und ausatmen, wir atmen alle mit dir mit. Für mich ist es auch eine neue Erfahrung. Vielleicht fühlt sich das Ende so an. Lass uns miteinander abmachen, dass wir einfach akzeptieren, was für uns vorgesehen ist. Wir sträuben uns nicht, wir nehmen es einfach an. Ich kann das. Kannst du das auch?

Lass einfach alles los. Du bist schwach und ich bin stark, das trifft sich gut. Das macht alles nichts mehr, Papa. Es macht alles nichts, du kannst in Ruhe loslassen. Falls du es beeinflussen kannst, wäre es nett, du gingest nicht ausgerechnet in dieser Nacht, denn ich habe morgen eine Textabgabe und wollte schreiben, aber, komm, vergiss es, das ist jetzt alles nicht mehr wichtig.

Sieh es doch so: Du hast deine Menschenpflicht getan. Hast dich um deinen Baba gekümmert, hast Kinder gezeugt, die kümmern sich um dich, du hast dich in den Lauf der Dinge verankert, hast dein Soll erfüllt, was jetzt käme, wäre nur noch Quantität und na gut, ein bisschen Qualität, wegen deiner neuen Liebe, aber, wenn du doch ohnehin jetzt gehst und später wiederkommst, weil dein Glauben es so für dich vorgesehen hat, dann kannst du das, was fehlt, doch im nächsten Leben nachholen.

Ich meine es aus tiefstem Herzen: Ich gönne dir dein Weiterleben. Ein Teller weiße Bohnen, ein wenig Frühlingslauch, frisches Brot, das hält die Welt doch aus, dass noch ein Esser mehr am Tisch sitzt. Von mir aus könntest du bleiben …

*

Ich rechne nicht mehr in Tagen. Die neue Lebenseinheit heißt Atemzüge und Milliliter. Noch zehn Milliliter mehr in der Flasche macht neunhundert Atemzüge, und das bedeutet, in der Dekade zwischen Frühstück und Mittagessen wieder eine Stunde geschafft zu haben. Draußen klappern die Patienten mit den Türen und holen sich ihr Essen ab. Drinnen denke ich, was war ich undankbar, als mein Vater noch essen konnte. Niedermähen wollte ich alles. Wie herrlich wäre es, wenn mein Vater jetzt an der Tür stehen würde, sein Tablett in Empfang nähme und ganz langsam, einen Fuß vor den anderen setzend, hin und her schwankend sein Tischchen erreichte und äße. Draußen leben immer die Anderen. Drinnen greifen

Vaters Hände in die Decke, manchmal streichelt er ganz kurz den Stoff, der zwischen die Finger gerät, streichelt er oder streift er ab, es ist nicht mehr möglich nachzufragen, mein Vater ist kein Vater mehr, den man an der Schulter wach rütteln und fragen kann. Es ist Jahrzehnte her, dass mein Vater auf dem Sofa lag und nach der Schicht ein kleines Erholungsnickerchen machte und wir uns freuten, wenn unsere Mutter uns erlaubte, ihn zu wecken. Dann dachten wir uns immer irgendeinen Jux aus, um ihn nicht sanft aufzuwecken, sondern zu erschrecken. Papa, wach auf, ich habe dein Auto zu Schrott gefahren! Diese Scherze haben wir nicht nur gemacht, als wir klein waren. Wir haben unseren Vater bis zu unserem Auszug mit Schabernack auf Trab gehalten. Manchmal fragte er nach: Seid ihr bekloppt, ihr seid schon fast erwachsen und macht immer noch Dummheiten. Ja klar, antworteten wir, natürlich machen wir noch Dummheiten, so lange du auf alles reinfällst! Manchmal schwenkten wir den brodelnden Wasserkessel mit dem heißen Dampf über unseren Vater und als er schön eingedampft war, weckten wir ihn und sagten, Papa, wir verbrennen, du musst das Feuer löschen, und wenn er wie eine Rakete hochschoss, fragten wir scheinheilig: Was ist denn, war was? Und er rief: Feuer, Feuer! Wir blieben ganz ruhig und fragten betont bedächtig: Feuer? Hast du schlecht geträumt?

Vorbei. Mein Vater liegt an Schläuchen festgekettet im Krankenhaus, hat Krebs und unter Umständen wird er bald als Käfer oder Sonnenstrahl oder zukünftiger Vater von anderen Kindern auf die Welt kommen. Ich kann ihn nicht wecken und fragen: Papa, streifst du die Laken zwischen den Fingern ab oder streichelst du sie bloß?

*

Als ich von der Fabrik zum Deutschkurs geschickt wurde, mussten wir für die richtige Aussprache der Buchstaben Tiergeräusche machen. Für ein M muhten wir wie eine Kuh: Mmmmh. Für ein S summten wir wie eine Fliege: Ssss.

*

Ich hielt meinen Vater für einen schwachen Menschen, bis ich mich mit Vaters Krankenhauspsychologen Herrn Wächter unterhalte, der mir beibringt, dass die Einschätzung, ob jemand stark oder schwach sei, mit dem Bild zu tun habe, das man von Stärke und Schwäche hat. Wahrscheinlich gehört diese Information zur Allgemeinbildung, doch bei dem Thema war ich in der Schulstunde wohl nicht aufmerksam. Ich meine, eigentlich ist doch klar, wie Schwachsein und Starksein aussieht. Die Tränen meines Vaters interpretierte ich natürlich als Schwäche. Es kam mir nicht in den Sinn, es andersherum zu sehen: Wer weint und sich nicht darum schert, was man über ihn denkt, ist stark. Wer weint, ist sich seiner Situation bewusst, hat sich ihr gestellt. Ich aber deute Vaters Tränen als Kapitulation. Und Resignation. Wenn man ihn nach seinen Kindern fragte, dauerte es nur eine Minute, bis er weinte. Bereits der Satzanfang »meine Kinder«, ganz gleich wie er endete, öffnete

Vaters Ventile. Was ist das? Sehnsucht? Manchmal riss er sich zusammen und stammelte noch: Meine Kinder bedeuten mir viel. Und vielleicht noch: Danke, dass Sie nachfragen, es geht ihnen gut, sie studieren jetzt alle.

Herr Wächter verriet mir, er habe Papa erlaubt zu weinen. Ich antwortete, es könne doch nur als Witz zu verstehen sein, dass man meinem Vater das Flennen erlauben müsse. Er schmunzelte nicht zurück. Sie müssen akzeptieren, dass Ihr Vater erst seinen Pessimismus ausleben muss, um dann eine Zuversicht zu finden – der Krankenhauspsychologe versucht, mir vorsichtig beizubringen, dass ich mich in meinem Vater gehörig irre. Herr Kiyak ist skeptisch, bis er langsam einen Schalter umlegt und dann ist der unglaublich zäh, Ihr Vater hat eine stille Stärke, erzählt mir dieser wildfremde Mensch. Es tut weh, dass jemand anders Partei für meinen Vater ergreift. Ich möchte Sie beauftragen, die Stimmung Ihres Vaters nicht zu verändern, bittet Herr Wächter. Ich möchte nicht, dass Herr Kiyak sich mit Schauspielerei erschöpft, er muss sein dürfen, wie er ist.

So weit ist es also gekommen, dass ein Anderer sich für meinen Vater einsetzt und mich ermuntert zu akzeptieren, wie er ist, wo ich doch meinte, dass ich durch das Krankenhaus laufen müsste, um zu verkünden: Alle mal herhören! Es handelt sich bei Herrn Kiyak um meinen Vater. Der weiß nicht, wie man krank ist, deshalb werde ich hier alles vermitteln und regeln. Und nun das. Ein meinem Vater wohlgesinnter Psychologe muss korrigierend bei dessen Tochter eingreifen und sich für die Autonomie seines Patienten einsetzen. Man ist so einfältig in seiner Liebe. Ich meinte, behilflich zu sein, und es stellt sich die berechtigte Frage, wem ich eigentlich behilflich bin außer mir selbst. »Papa, hör auf zu weinen« – wie oft sage ich diesen Satz und warum bin ich Holzkopf nicht zu meinem Vater gegangen und habe ihn in den Arm genommen. Wenn er mit dem Weinen aufhörte, dann nicht, weil ich es befahl, sondern weil er fertig geweint hatte. Ich aber ging nach Hause und dachte, uff, war anstrengend, aber er hat aufgehört, was bin ich für ein an Überzeugungskraft strotzendes Wunderkind. Gar nichts bin ich, ein Volltrottel, ein Depp, eine Idiotin, die man inständig und psychologisch begründet darum bitten muss, den Vater nicht zu drillen.

Sie wollen ihm Zuversicht geben, aber Sie gehen ihm damit auf die Nerven, erläutert mir Herr Wächter: Wissen Sie, warum manchen Menschen im freien Fall schlecht wird und anderen nicht? Wenn man versucht, sich in den Sitz zu drücken, um dem Abwärtsfall etwas entgegenzusetzen, wird einem schlecht. Wenn man die Bewegung akzeptiert und sich fallen lässt, wird einem nicht übel, erklärt er geduldig. Herr Wächter, ich finde nachts keinen Schlaf, und wie interessant, dass Sie den freien Fall erwähnen, denn nachts stürzen meine Flugzeuge ab und ich übe im Traum den Fall, aber es gelingt mir nicht, ich bin blockiert, auf halber Strecke breche ich ab. Ich möchte Ihnen noch etwas anvertrauen: Ich bin immer schon gefallen, auch ohne Flugzeuge. Kennen Sie diesen Traum? Ich laufe und weiß, dass sich in der Straße tiefe Löcher auftun. Wenn ich es am wenigsten erwarte, trete ich ins Leere, falle tief und schrecke auf. Ich stürze von weit oben in die tiefste Tiefe, wache auf, ziehe mich an und fahre zu meinem Vater ins Krankenhaus. Ich bin nicht gut im Hinnehmen, Herr

Wächter, verwechseln Sie das bitte nicht mit Optimismus. Seit über dreißig Jahren bin ich seine Tochter. Es hätte für diese Beziehung viele Gelegenheiten zum Scheitern gegeben, aber das ist nicht passiert. Ich bin fest davon überzeugt, dass ich meinem Vater auf die Nerven gehe, aber genauso überzeugt bin ich davon, dass diese Beziehung so, wie wir sie führen, bis zum Schluss halten wird. Wir sind wie ein notdürftig geflickter Stuhl. Wenn Sie eines der Bücher unter dem fehlenden vierten Bein rausziehen, krachen wir sofort zusammen, verstehen Sie? Aber ich bin lernbereit und ich habe verstanden, dass ich meinem Vater sein Recht auf Traurigkeit nicht nehmen darf.

*

Bin runtergehandelt. Am Anfang ging es mir darum, den Tod zu besiegen. Dann sollte mein Vater nicht sofort sterben, sondern nach Möglichkeit etwas später. Bald war ich zufrieden, wenn er einfach den Tag packte. Jetzt geht es nur noch darum, dass er keine Schmerzen hat und auch die Übelkeit eine Pause einlegt. Es verschafft mir Befriedigung, wenn er nach Wasser fragt, in das wir frische Pfefferminzblätter legen, um den metallischen Geschmack, den er seit Beginn der Chemotherapie im Mund schmeckt, wegzuspülen. Öffne ich das Fenster, höre ich das Rauschen der Bäume. Auch sie atmen leise und bewegen sich gemächlich. Wie mein kranker Vater wiegen sie sich im Rhythmus des Frühlingswindes, im Zimmer die Bewegung seines atmenden Bauches und draußen das Wogen der Äste. Im März feierten wir das kurdische Neujahrsfest, das den Frühling und das Leben begrüßt und gingen anschließend ins Krankenhaus. Am Geburtstag des Geschwisterkindes, das nicht kommen konnte, haben wir seiner gedacht und die Kaffeetassen am Klapptisch des Krankenbettes zum Toast gehoben. Auch das Osterfest verbrachten wir im Krankenhaus. Als Vater kurz nicht in seinem Bett lag, versteckten wir unter dem Kopfkissen Krokanteier. Er öffnete eines, leckte daran und knisterte das Ei zurück in die Zellophanpackung. Alles in allem war er enttäuscht, denn die Geschmackserlebnisse, die er im Krankenhaus macht, unterscheiden sich von seinen Geschmackserinnerungen. An meinem Geburtstag setzte ich mich auf Papas Bettkante und auch er setzte sich mühsam auf und legte mir seinen Arm um die Schultern. So habe ich uns ausnahmsweise einmal gemeinsam fotografiert, normalerweise fotografiere ich ihn allein. Ich trage einen weißen Pullover und habe mir die Haare, so meinte ich, kunstvoll hochgesteckt. Später sehe ich auf dem Bild, dass auch meine Augen tief liegen, meine Wangenknochen hervorstehen und dass meine Frisur ganz schön ungekonnt frisiert ist. Das neue Lebensjahr beginnt zerzaust, zerfetzt, zerstört. Mein Vater hat den Arm um mich gelegt und lächelt. Herr Wächter nennt Vaters Gesichtsausdruck »weise«, wie jemand, der alle Gefechte bereits kennt. Die Fotos helfen. Ich gehe mit der Kamera nahe ran an den Vater, überall, auf dem Gang, vor dem Untersuchungsraum, ich halte einfach drauf und immer wieder kommt es vor, dass jemand meinem Vater zuruft: Hat die denn gefragt? Und mein Vater einfach antwortet: Ach, die macht eh, was sie will. Einmal sagte ein Arzt im Vorbeigehen freundlich: Na, die geht aber ganz schön ran mit ihrer Kamera. Mein Vater: Wenn Sie es machen, heißt es Röntgen.

Das Geburtstagsfoto ist ein paar Wochen alt, zwischen dem Beginn meines neuen Lebensjahres und der Bitte um einen Schluck Wasser liegen Universen voll umständlichem Aufrappeln, Absturz, Sinnsuche und Gleichgültigkeit, die sich nicht einstellt, weil einem alles egal ist, sondern weil man erschöpft ist. Wann soll ich meinen Vater darauf vorbereiten, dass seine Chemotherapie nicht den gewünschten Erfolg gebracht hat? Wird es zu diesem Gespräch überhaupt kommen? Papa, ich habe alles dafür getan, damit du dich therapieren lässt, und ich danke dir, dass du mir meinen Wunsch erfülltest. Du hast recht behalten, denn hätte ich deinen Wunsch erfüllt, wären wir jetzt auf deinem Berg an der Ägäis und du hättest nichts verpasst, denn mit der Medizin ist das so eine Sache, sie funktioniert oder sie funktioniert nicht. Nicht, dass es mir etwas ausmachen würde, mich vor meinem Vater in den Staub zu werfen, aber man kann doch nicht nichts machen und das Ende abwarten. Oder doch? Verzweiflung nimmt dort Platz, wo normalerweise »ich muss noch waschen, einkaufen, jemanden anrufen« sitzt. Verzweiflung ist ein mieses Schwein, das sich in einem breitmacht, obwohl man bittet: Verzieh dich! Verzweiflung sucht sich ihren Weg, hier mitten im märkischen Irgendwo, in einem kleinen Backsteinhäuschen, vor dem Krankenhaus, auf der Allee dahinter, alles in allem ein schöner Ort, doch es ist nicht unser Ort, weder seiner noch meiner. Die Menschen um uns herum sind mir fremd, ihre Haarfarben, ihre Hautfarben, ihre Stimmfarben, die Farben der Speisen, mit denen wir allerdings nichts mehr zu tun haben, weil mein Vater nicht mehr essen kann. Nichts an diesem Ort hat mit uns zu tun. Wenn doch auf dem Gang wenigstens ein Samowar brodeln würde, dass ich rausgehen und mir ein Glas Tee nehmen könnte, dass nur für ein paar Minuten, ein Tulpenglas lang, der Duft von schwarzem Tee mit Bergamotte-Aroma das Gefühl von Fremdheit vertreiben würde. Wir leben hier und wir werden hier sterben, sagte mein Vater manchmal, wenn jemand fragte: Und? Wann geht es zurück in die Heimat? Vielleicht könnte ich in die Abteilung Qualitätsmanagement gehen und eine Rede als Abschiedsgeschenk hinterlassen. Liebe Krankenhausmanager, könnte nicht eine türkischsprachige Tageszeitung am Krankenhauskiosk verkauft werden? Könnte nicht ein Samowar für die Afghanen, Araber, Türken, Perser, Russen, Weißrussen, Mongolen, Polen, Vietnamesen, für Patienten aus den Teenationen aufgestellt werden, die es doch auch gibt und die in das deutsche Krankenkassensystem eingezahlt haben? Schauen Sie, Herr Kiyak, ist ein ausgebildeter Teestubenbetreiber. Er könnte Ihnen eine kostengünstige Methode zeigen, wie man mit Natron den Tee streckt. Und wir, die Kinder der Teestubenbetreiber, wir würden uns mit dem Geräusch von einer auf dem heißen Dampf tanzenden Edelstahlkanne ein bisschen getrösteter fühlen. Ich spreche jetzt im Namen aller Teestubennachfahren. Wir fordern: einen Samowar, mehrsprachige Tageszeitungen, Milkshakes in anderen Geschmacksrichtungen. Außerdem kein Krankenschwestergeplapper im Plural: »Wollen wir den Verband wechseln?« Wenn man einen Krebskranken nicht mehr operieren und ihm keine Chemotherapie verabreichen kann, und wenn in so einer bitteren Stunde nicht mal ein Glas Tee zur Hand ist, dann möchte man wirklich nur noch sterben, wenn man es nicht ohnehin schon müsste.

*

Ein mir bislang unbekannter Arzt bittet mich um ein Gespräch. Ich falle mit der Tür ins Haus und frage, ob der Abbruch der Chemotherapie für meinen Vater das Todesurteil bedeutet. Er ist erstaunt und fragt, wie ich auf diese Idee käme. Ich erzähle ihm von dem Gespräch, das ich mit seinem Kollegen führte, in dem ich erfuhr, dass die Chemotherapie meines Vaters nicht mehr fortgeführt werde. So sei es aber nicht, verrät mir der Arzt, es gehe um *diese* Chemotherapie. Man habe in einer gemeinsamen Konferenz beschlossen, die Medikamentenzusammensetzung so nicht mehr zu verwenden, denn Vaters Tumor spreche darauf nicht an. Insofern sei es richtig, dass *diese* Chemotherapie abgebrochen werde. Aber mein Vater sei ja noch mit dem Erguss beschäftigt und diese eitrige Flüssigkeit in Vaters Brustrippenbereich bereite der Ärzteschaft allgemeine Sorge. Er sei in einem schlechten Zustand, man werde ihm die Schläuche abnehmen und dann sei zu überlegen, wie man weiter verfahre. Ich bitte den Arzt, dass wir unseren Vater nach Hause holen können. Ich versichere Ihnen, dass wir es schaffen, dass er zu Kräften kommt, rede ich auf ihn ein. Er wird zunehmen und dann versuchen Sie es mit einer anderen Chemotherapie, schlage ich vor. Wir können unseren Vater pflegen, wir werden ihn aufpäppeln! Der Arzt sagt: So kann er nicht nach Hause, dazu ist Ihr Vater nicht stabil genug. So?, hake ich nach. Befände er sich in einem anderen Zustand, ginge es? Dann ginge es, sagt der Arzt. Und das sagen Sie und was sagt der nächste Arzt, der mir begegnet, frage ich? Ich kriege keine Antwort. Nur ein Gesicht, das wohl Bedauern ausdrücken soll.

*

Ich rufe meinen Onkel an.

Stell dir vor, sie versuchen es mit einer anderen Chemotherapie. Sie geben ihn nicht auf.

Wieso sollten sie ihn denn aufgeben, fragt mein Onkel erstaunt.

Weil mir das ein Arzt so gesagt hatte.

Siehst du, dann kommt ein anderer Arzt und sagt etwas anderes. Ich habe diese Woche Nachtschicht, aber sobald sie um ist, komme ich.

Freust du dich denn nicht, dass sie ihn nicht aufgeben?

Du darfst ihn nicht aufgeben. Wichtig ist, dass du ihn nicht aufgibst.

Und du? Denkst du nicht manchmal, dass es dem Ende zugeht?

Hast du denn alle Geschichten vergessen, die dein Vater dir erzählt hat? Die Urgroßväter unserer Urgroßväter väterlicherseits hatten vier Söhne. Sie gründeten Familien. Die Männer waren grobe Leute, mit Augen schwarz wie Oliven …

… sie nahmen es mit jedem Bären auf, ich weiß, ich weiß, Onkel. Aber woher weißt du denn, welche Geschichten mein Vater mir erzählt?

Glaubst du, dein Großvater hat diese Geschichten nur deinem Vater erzählt? Er hat sie allen sieben Kindern erzählt und damit auch mir. Und ich erzähle sie meinen Söhnen.

*

Papa, erhole dich ein wenig und dann fahren wir nach Hause.

Nach Hause?

Der Arzt hat es erlaubt.

Ich will hierbleiben.

Warum?

Ist besser so.

Hast du Angst, das Krankenhaus zu verlassen?

Ich bleibe hier.

*

Eines Tages setzte sich eine Mücke auf Ismos Nase, stach kräftig zu und saugte sein Blut aus. Der schreckliche Ismo nahm das Gewehr von der Wand, lud es und lief der Mücke hinterher. Er ballerte wie wild herum. Die Schafe liefen aufgeregt zur Seite, die Kinder weinten und die Frauen schrien vor Schreck auf. Die Männer des Dorfes rannten ihm hinterher und riefen: Ismo, wir küssen deine Füße, gib Ruhe, jetzt hast du die Mücke getroffen, jetzt ist sie tot, Ismo, hör auf, wir trinken das Wasser, in dem du deine Füße badest, jetzt hast du auch die Sippschaft der Mücke getroffen, lass doch, lass doch endlich ab! Erst nach einer Weile hörte Ismo auf und kam zurück. Als sich am Abend erneut eine Mücke auf seine Nase setzte, schielte er auf das Tier und sagte: Na, du Hurensohn, wie ist das, wenn man den Stachel weggeschossen bekommen hat, hä? Habe ich dich schön kastriert, du Krüppel? Die Mücke flog beleidigt und gedemütigt weg, ohne zu stechen – ging ja auch nicht mehr.

*

Mein Vater hat Angst, nach Hause zu kommen. Zuerst hatte er Angst, ins Krankenhaus zu gehen, jetzt will er nicht mehr weg von dort. Wie sagte Herr Wächter? Immer erst skeptisch, um dann Zuversicht zu finden. Ich habe schon Zuversicht gefunden. Die Aussicht auf eine andere Medikamentenzusammensetzung gibt mir Anlass, in Erwägung zu ziehen, dass mein Vater das Jahr überstehen wird. Ich hänge nun einmal am Leben meines Vaters. Der Großteil meiner Freunde hat begriffen, dass ich nicht mehr ins Kino gehe, ins Theater, in keine Buchhandlungen. Irgendwann wird es wieder wichtig, nicht jetzt. In meiner Familie gab es oft große Trauer, so viele verstorbene Kinder, Cousinen, Cousins, Tragödien unermesslichen Ausmaßes. Ich erfuhr, dass es uns Hinterbliebenen möglich war, weiterzuleben und sich irgendwann wieder freuen zu können. Mühsam versuche ich, meine Texte zu schreiben, meine Aufgaben zu erfüllen, ich werfe eine Münze in meinen Automaten, erledige meine Pflicht und sobald ich die Arbeit hinter mir lasse, werde ich labberig, lose und irre umher. Wo steht das Auto? Wie war noch gleich der Weg? Fahre ich erst in den Laden und kaufe ein oder später, wie ging noch mal der Schraubverschluss dieser Kanne auf? Ich arbeite, weil ich arbeiten muss, nicht, weil ich will. Also schreibe ich und verdiene mein Geld, denn ich fühle mich nicht nur für meinen Vater verantwortlich, sondern auch für seine Liebste. Wer die Not von Anderen mitbekommt, muss als Erste in die Tasche greifen, ich halte diese Lektion meiner Erziehung für eine der nützlichsten. Das Portemonnaie herausnehmen, öffnen, hineingreifen und geben.

Als ich einmal an einem Podiumsgespräch teilnahm, sagte ein FDP-Politiker, dass in ausländischen Familien alle füreinander einstehen statt nach dem Staat zu rufen und das sei doch ganz schön. Das machen wir, argumentierte ich, weil unsere Eltern als Arbeiter nur eine kleine Rente bekommen, oder glauben Sie, wir sind scharf darauf, uns zeitlebens finanziell verantwortlich füreinander zu fühlen? Das ist unseren Eltern nämlich peinlich, auf ihre Kinder angewiesen zu sein. Da schaute er natürlich ganz schön blöd und ich legte nach: Mir wäre lieber, dass man Gastarbeiter ordentlich behandelt hätte, damit sie nicht als Frührentner verkrüppelt und verarmt erneut gedemütigt werden. Die Diskussion fand lange vor Vaters Krankheit statt, aber ich ahnte schon, dass es so kommen wird und man unterhält sich schließlich auch mit anderen erwachsenen Gastarbeiterkindern, das gleiche Dilemma, egal, wohin man schaut.

Ich mache, obwohl ich mich zur Geduld ermahne, Pläne für die Zeit nach Vaters Entlassung aus der Klinik. In meine Lieblingskonditorei könnten wir gehen. Ich würde mit dem Auto bis an den Bordstein heranfahren und dann dem Vater aus dem Auto helfen. Ich könnte einen kleinen Klappstuhl besorgen, wie ihn Angler haben. Auf den Anglerstuhl würde ich meinen Vater setzen und einen Parkplatz suchen. Ich freue mich. Mein Vater kommt nach Hause. Papas Liebste ruft mich an. Sie sagt, dass die Ärzte morgens bei der Visite meinem Vater erklärt hätten, dass er sich etwas erholen solle, damit er mit frischen Kräften weitermachen kann. Mein Vater habe geweint und gesagt, er wolle nicht nach Hause. Sie haben ihn gefragt, warum, und da habe er gesagt: Meine Tochter hat zu wenig Platz.

Ich bin mir sicher, wenn sie uns den Vater endlich übergeben würden, kriegen wir ihn so hin, dass er die Chemotherapie verkraften wird. »Fürsorglicher Belagerungszustand«, so beschrieb Herr Wächter Vaters Situation. Wir stehen ihm bei, obwohl er uns nicht darum bittet. Aber wir tun es aus Fürsorge. Eines meiner Geschwister ruft an, plant mit. Gibt Ratschläge. Hat sich mit Medizinern beraten. Kann nicht kommen, ist aber in Gedanken bei uns. Wird sich auf den Weg machen, sobald es geht. Nein, eine Wohnung habe ich nicht gefunden. Es ist auf dem Wohnungsmarkt nicht üblich, dass Töchter für ihre kranken Väter Wohnungen mieten, weil in der Welt, in der wir leben, die Realität von Gastarbeitern nicht existiert. Manche Gastarbeitereltern, die in Rente gehen, lösen ihre Wohnung aus finanzieller Not auf und kaufen sich eine kleine Wohnung in der Türkei. Sie kommen mit ihrem Geld dort besser zurecht. Damit ihre Rentenansprüche und Aufenthaltsgenehmigungen nicht verloren gehen, müssen sie alle sechs Monate einreisen, denn gesetzlich versichert ist nur, wer seinen Erstwohnsitz in Deutschland hat. Wer länger als sechs Monate nicht in Deutschland lebt, so bestimmen es die Behörden, hat seinen Lebensmittelpunkt nicht in Deutschland. Dass Gastarbeiter ihre Steuern und Sozialversicherungsbeiträge ordnungsgemäß in Deutschland bezahlt haben, spielt keine Rolle. Auch nicht, dass die Regelung für Portugiesen, Spanier, Griechen oder Italiener nicht gilt, die können wegbleiben, so lange sie wollen, kann ja auch keiner kontrollieren, weil es innerhalb der Europäischen Union keine Grenzen gibt. So reisen die aus der Türkei stammenden Eltern pflichtgemäß ein und verbringen reihum ein paar Wochen bei ihren Kindern. Es kann aber auch vorkommen, dass ein Vater seine Tochter besucht, zum Arzt geht, Krebs diagnostiziert bekommt und nicht mehr zurückkann. Dann wird eine Wohnung benötigt. Der Vater selbst kann nicht vorstellig werden, was gibt es daran nicht zu verstehen? Offenbar alles. Ich scheitere seit Wochen daran, eine Wohnung zu finden. Wir sprechen uns innerhalb der Familie ab. Vater wird ein eigenes Schlaflager in meinem Schlafzimmer bekommen, seine Liebste bleibt nachts bei ihm und tagsüber wird er in dem Zimmer alleine sein. Er kann rauskommen, wann er will, essen, wann er will, schlafen, wann er will. Er soll den Krankenhausrhythmus abwerfen. Sollte er das Geklapper der Krankenschwester um sechs Uhr in der Früh vermissen, werde ich morgens in sein Zimmer poltern und den Plural bemühen: »Und Herr Kiyak? Haben wir gut geschlafen?«. Nur, wie bekommen wir ihn ins zweite Stockwerk hoch? Wer trägt ihn? Ach, es wird sich schon alles finden. Schließlich befindet er sich im fürsorglichen Belagerungszustand.

*

Kostbare Fracht. Ich habe das Auto gepolstert. Behutsam fahre ich vom Parkplatz der Klinik runter. Griffbereit liegen eine Nierenschale, Papiertücher und Wasser bereit. Außerdem Dinkelspelzkissen aus dem Kloster, wo die Nonnen seit Wochen für meinen Vater beten, wie sie mir in Briefen und Telefonaten versichern. Im zweiten Gang versuche ich, das Auto in einen

Ozeandampfer zu verwandeln, der sich schwerfällig, aber sicher, in gleitenden Bewegungen vorwärtsbewegt. Mein Vater sitzt hinten links, ich kann ihn im Rückspiegel sehen, wenn ich mich strecke. Seine Liebste sitzt neben ihm, wir haben das Fenster leicht geöffnet, denn er sieht bereits auf der Landstraße etwas grün im Gesicht aus. Wir sprechen kein Wort und doch ist die Luft gedankengeschwängert. Ich versuche, mich an jedes Schlagloch zu erinnern, die Autos hinter mir sind ungeduldig und fahren links, um zu sehen, ob die Gegenfahrbahn frei ist, damit sie mich überholen können. Ich steuere meinen Tanker am äußersten Fahrbahnrand, aber nur bis zur Splittgrenze, denn die kleinen Steine sollen nicht gegen das Auto springen und Lärm verursachen. Nach der Landstraße, an der Bahnschranke, die in all den Monaten kein einziges Mal runtergelassen wurde, warten wir, dass der Zug vorbeifährt und die Fahrbahn wieder frei wird und schauen auf Niemandsland, an einem ganz normalen Tag eines ganz normalen Monats eines gewöhnlichen Jahres, das nur für uns von Bedeutung ist, denn an Bord ist ein Passagier, der Angst hatte, sein Krankenbett zu verlassen. Mein Passagier sitzt hilflos und verängstigt im Auto, man traut ihm jederzeit zu zu kollabieren, so schwach, bleichgesichtig und knochig sitzt er zwischen seinen Dinkelspelzkissen. Wir erreichen die Autobahn und ich beschleunige, fädle mich ein in die Reihe anderer Autos, die ebenfalls beschleunigen und am Horizont sehe ich bereits die Türme der Müllverbrennungsanlage und fahre im fünften Gang und schalte auch dann nicht runter, als ich bereits die ersten Schnellrestaurants und Tankstellen sehe. Denn mein Vater hat die Augen geschlossen und ich habe das Gefühl, dass er die anfängliche Übelkeit überwunden hat, und das neue übelkeitsfreie Gefühl genießt, der Fahrtwind zieht über sein Haar und lässt es an den Schläfen zurückwehen. Mein armer, kranker Vater. Ich fahre in unsere Straße und wir haben weder Nierenschale, Wasser noch Papiertücher benötigt. Ich finde vor der Haustür einen Parkplatz und wir springen heraus, öffnen die Autotür, strecken unsere Arme in den Wagen. Vater streckt uns seine braune Hand entgegen und hält sich an einem der Arme fest, während er zögerlich sein dünnes Bein aus dem Wagen streckt und nacheinander und steif die übrigen Glieder aus dem Auto entlässt und wieder hat er Scheu, weil er sich an den sicheren Dampfer eben erst gewöhnt hatte. Er wirkt verloren auf ebenjener Straße, auf der er mir, ausholend winkend, entgegenkam, wenn wir uns trafen. Und, nein, der Schrecken nutzt sich nicht ab, egal, wie viele Bilder ich von meinem Vater auch aufnahm und abends im Bett anschaute, um mich an sein Krebsantlitz zu gewöhnen, an so ein Aussehen kann man sich nicht gewöhnen und ich will es auch nicht, mein Herz ist porös, das Mitgefühl ist es, das mich antreibt und auch ich bin böse auf dieses Schicksal, obwohl ich es annehme und mein Bestes gebe – das ist nicht so daher gesagt –, ich bemühe mich, ich geize nicht mit meinem Kampf gegen diesen ganzen Leidensdreck, ich gebe alles, was mir einfällt, keine Idee lasse ich links liegen und so stehen wir auf der Straße und für einen Moment schäme ich mich, dass wir Krebs haben. Obwohl ich nicht viele Leute in dieser Straße kenne, ist es mir nicht egal, dass jemand sehen könnte, wie getroffen wir sind, unsere Augenringe, unsere Haare, unsere Kleidung, unsere heiseren Stimmen, weil wir zu viel weinen und wie sein Lieblingspullover am Kragen ganz schäbig aussieht, weil ihm die Haare ausfallen und von dem ganzen Abgezupfe der Haare ist der Halsausschnitt zerschlissen; genervt verscheuche ich die zerstörerischen Gedanken, die sich selbständig den ganzen Quatsch ausdenken. Ganz langsam laufen wir zu den Stufen des Hauses, Vater setzt einen Schritt vor den nächsten, es war keine gute Idee, ihn die Gesundheitsschlappen anbehalten zu lassen, denn er kann den Fuß nur so weit heben, dass sie nicht abfallen, aber wer spricht hier von heben? Schlurfen, schleichen, schleppen, wir erreichen die Stufen und es folgt ein peinlicher Moment. Mein Vater kann nicht mehr, seine Lunge dehnt sich nicht mehr vollständig aus, hinterlässt das bedrängende Gefühl, nicht genügend Luft aufnehmen zu können und deshalb zu ersticken. Er kriegt Panik, er schämt sich, seine Augen füllen sich mit Tränen. Wäre ich ein Sohn, würde ich ihn auf die Schultern nehmen und tragen, aber ich bin seine Tochter. Ich bitte Papas Liebste hochzugehen, sie nimmt die Taschen und geht voran. Vater und ich stehen unten, seine Hand krampft sich um den Handlauf und ich sage: Papa, du bist auf zwei Beinen die Stufen hinuntergegangen und du wirst auf zwei Beinen die Stufen hochgehen. Es wird dauern, aber du schaffst es. Ich gehe jetzt hoch und du nimmst dir die Zeit, die du brauchst. Wir erwarten dich oben. Ich springe zwei Treppenstufen auf einmal nehmend hoch und bin beschwingt, denn mein Vater ist gleich zu Hause. So gut wie. Oben angekommen, spitzen wir die Ohren und sind ganz still und hören eine Weile nichts, und Papas Liebste eilt in die Küche, um eine Suppe zu kochen, aber dann fällt doch noch die Haustür ins Schloss und man hört die ersten Schritte, ganz leise, denn mein Vater hat die fünfzig Kilo unterschritten, da kann man keinen Krach machen, selbst wenn man will. Wie ein Hochleistungssportler, der an seine körperlichen Grenzen geht, ahnt man seinen Kampf gegen sich selbst, seine Wut, dass er sich hat breitschlagen lassen, das Krankenhaus zu verlassen, denn genau genommen war es keine freiwillige Handlung, sondern eine Geiselnahme, die Entführung meines Vaters aus seinem Serail, an das er seine Überlebenshoffnung knüpft, und glaubt, es herrsche für das Genesen eine Aufenthaltspflicht im desinfizierten Krankenhausgebäude, im Treppenhaus dagegen hört man seinen Trotz und – ist doch klar –, wer Jahrzehnte gegen seinen inneren Willen nachts an lauten Maschinen stand und Kupfer in ätzendem Dampf lackierte, der wird seine Treppenstufen schaffen, der wird seine beiden Etagen nehmen wie ein Mann, der seinen Kontinent verließ, über Berge und Flüsse und Meere fuhr, um ein besseres Leben zu beginnen, der alles hinter sich ließ, um mit einem in Istanbul abgestempelten Formular jenseits der asiatischen Kontinentalplatte seinen Dienst am deutschen Bruttosozialprodukt anzutreten und seinem Vater neue Geschichten mitzubringen, die davon handeln, was sich im Schatten deutscher Pflaumenbäume zutrug. Ich stehe oben und lausche, jederzeit bereit, wie ein Gepard aus dem Stand aufzuspringen, um einen eventuell fallenden, stolpernden, in Kreislaufschwierigkeiten geratenen Mann aufzufangen, so wie ich fallende Säuglinge aus Hochhäusern aufzufangen jederzeit bereit war, mobilisiere mich und halte es aus, oben zu bleiben, zu warten und dann sehe ich seinen dunklen Hinterkopf zwischen den Stäben des Treppengeländers und er steht auf halber Treppe, schaut hoch, beschämt, aber stolz und lächelt und ich lächle auch und lobe: Papa, warum diese Eile, musst du Scheiße in die Gerberei schaffen? Mach doch langsam! Er lacht und greift sich an seine kranke Körperseite, weil seine Luft nicht für beides reicht, zum Lachen und zum Schnaufen. Wir gehen ihm entgegen und helfen doch und ziehen ihn durch die Eingangstür und sagen: Willkommen zu Hause!

*

Ich hatte geheiratet, arbeitete in Deutschland und besuchte meinen alten Vater Ali Haydar. Ich traf ihn wie immer auf einem kleinen Holzschemel vor dem Teehaus an.

Mein Junge, willkommen, wie geht es dir, begrüßte er mich und bekam feuchte Augen. Danke, Baba, ich bin froh, dich zu sehen. Dann nahm mein alter Vater meine Hand und stand auf. Ich wunderte mich, wollte er mir etwas sagen, außerhalb des Teehauses, brauchte er etwas, war etwas geschehen? Er nahm meine Hand, ging in die nächste Apotheke und sagte: Hier ist er, mein Sohn, er arbeitet in Deutschland. Willkommen, sagte der Apotheker. Mein Vater ließ meine Hand nicht los, ging zum Tuchhändler nebenan und sagte: Selam, hier ist mein Sohn, der in Deutschland arbeitet. Ich löste meine Hand aus Vaters Griff und sagte: Sag mal, Papa, bist du verrückt geworden? Du kannst mich doch nicht wie einen Affen vorführen, das ist mir peinlich. Muss es nicht, sagte mein Vater, aber wenn du das nicht möchtest, dann setzen wir uns eben wieder.

*

Es fühlt sich alles anders an. Vater lebt leise in der Wohnung. Er lebt nicht mit uns. Ist eingeschlossen in einer Blase. Niemand traut sich reinzustechen. Wenn er redet, schaut er entweder in die Ferne oder auf den Boden, nicht aber in unsere Augen. Er bewegt sich, als wäre er zu Gast in seinem Körper. Es ist, als kenne er die Wohnung nicht. Dabei kennt er jeden Winkel meiner Küche. Jahrelang ist er hier ein- und ausgegangen. Wenn ich etwas veränderte, dann bemerkte er es sofort und fragte interessiert: Du hast neue Messer? Er war mein aufmerksamster Mitbewohner. Kochte, ging in den Laden um die Ecke, kaufte Zutaten ein, um seine Joghurtsuppe zu kochen, bereitete die Linsen für den Eintopf vor, doch vor allem reinigte er mit großer Leidenschaft die Edelstahlgeräte mit Scheuermilch und polierte sie. Mein Vater wusch den Balkon, so wie es Südländer immer mit ihren Balkonen machen, weil sie in heißen Sommern als verlängerte Wohnzimmer dienen, in denen man bis spät in die Nacht sitzt und schwatzt und die abgekühlte Luft genießt, vielleicht sogar schläft, weshalb sie so sauber sind wie die Salons drinnen. Die Waschmethode geht so: Erst mit dem Schrubber und Reinigungsmittel vorreinigen, dann mit einem Eimer Wasser den Schaum wegwischen, dann einen zweiten Eimer zum Klarspülen, dann warten, dass alles trocken ist und ein kleines Tuch als Vorleger vor den Eingang ins Zimmer legen, damit man beim Eintreten das zuvor über die Balustrade gewehte und am Fuß hängen gebliebene Blättchen oder den heruntergefallenen Kern einer Wassermelone abstreifen kann. So werden Millionen Sonnenbalkone auf der ganzen Welt behandelt. Vater macht von all dem während seiner Zeit zu Hause nichts. Die Krankheit hat ihn zu einem Fremden gemacht. Ein Gespenst, das still vom Bad ins Schlafzimmer schleicht und leise wieder zurück. Man meint, sein schüchtern schlagendes Herz zu hören. Der Husten hat dank der Abpumperei aufgehört, er gibt keinen Laut von sich. Es fühlt sich alles anders an. Für ihn, für mich, für Papas Liebste, für alle, die sonst noch in der Wohnung waren und sind, jeder bewegt sich mit Roboterbewegungen; es ist ein Jammer. Die erste Nacht war ich noch beschwingt, ich schlafe nebenan auf dem Boden, weil ich mein Schlafzimmer abgegeben habe. Ich muss abends daran denken, meine Kleider für den nächsten Tag herauszunehmen, damit ich am Morgen nicht störe. Papas Liebste steht früh auf und macht uns allen ein Frühstück. Er ist es nicht mehr gewohnt, in der familiären Umgebung zu speisen. Niemand käme auf die Idee, ihn zu bitten, den Brotkorb zu reichen, denn seine Kräfte reichen gerade dazu aus, dass er seinen Löffel zum Mund führt. Im Bad braucht er lange. Den Badezimmerschlüssel habe ich abgezogen, damit er nicht versehentlich abschließt und der Weg versperrt ist, falls er Hilfe benötigt. Seine Liebste hilft ihm, er rasiert sich jeden Tag, cremt sich die Haut ein, Gesicht, Hände und Füße, da ist er eigen, der Vater, putzt sich die Zähne, pflegt die Nägel und massiert auch das Nagelbett mit Öl ein, tropft großzügig Eau de Cologne in die Hände und besprenkelt sich damit die Wangen und den Hals. Es sind die seit Jahrzehnten eingeübten Bewegungen, auf die er auch während seiner bettlägerigen Phase nicht verzichten konnte, bis auf das Cologne, denn der Geruch stört ihn neuerdings, wir haben die Kosmetikartikel ausgetauscht, durch solche ohne Duftstoffe, aber er meint beispielsweise die Mandelmilch, die als Basis für die Creme benutzt wird, riechen zu können, wie auch die Calendula und all das. Im Krankenbett reichten wir ihm die Utensilien und zeitweise übernahm seine Liebste den einen oder anderen Handgriff, aber auch sie sieht erschöpft aus und gibt doch nicht auf und geht ins Badezimmer, dann aber gibt es Zeiten, da schickt er sie hinaus, da will er niemanden um sich haben und mault und jammert und zetert mit schlaffer Stimme, so dass es wie Wehklagen klingt. Er sagt: die Hände! Die vielen Hände ständig an ihm, er will das nicht, er hält das nicht mehr aus. Papas Liebste hat die Küche okkupiert und ich habe keinen Raum mehr für mich, nur mein Büro, in das ich immerhin gehen kann und mir manchmal wünsche, dass mein Vater unvermittelt an die Scheibe klopft wie früher, aber dann erinnere ich mich daran, wie das ist, wenn man bekommt, wonach man sich sehnte und an die Enttäuschung, wenn es sich anders anfühlt. Alles in allem, ich will es kurz machen, fühle auch ich mich fremd im Büro während meiner Arbeit. Obwohl ich das meiste absage, muss doch noch etwas geschrieben werden, denn Kranksein kostet Geld, das merkte ich spätestens, als ich die Rechnung für die Übernachtung von Papas Liebster in der Klinik übernahm, die man uns erlassen hätte, wenn sich nicht eine Krankenschwester besonders dafür engagiert hätte, dass wir sie bezahlen, man erlaube die Übernachtung nur bei Patienten, bei denen man davon ausgeht, dass sie sterben, aber er ist nicht gestorben, weswegen sie in der Verwaltung anrufen werde, um dafür zu sorgen, dass eine Rechnung ausgestellt wird, ach, es ist ja auch egal; sie hatte einen Ermessensspielraum und weil sie ihren Unmut über uns nicht anders ausleben konnte, gab sie ihr Bestes eben zum Schluss und ich unternahm gar nicht erst den Versuch, irgendetwas auszuhandeln, denn ich war kräftemäßig bereits in der Nähe meines Limits und habe deshalb die Scheine hingeblättert, das kann man ruhig so ausdrücken, Tausende von Euro habe ich für ihre Übernachtung gezahlt und dabei an all die Male gedacht, als Papas Liebste sich nur halbe oder gar keine Portionen vom Krankenhausessen nahm, weil sie davon überzeugt war, dass die Portionen abgemessen seien und ihr die Patienten im Krankenhaus leidtaten und wenn sie doch mal was aß, bedankte sie sich übermäßig bei den Schwestern, ich will das alles nicht weiter ausführen. Ich öffne das Schreibprogramm und meine Schultern schmerzen, bevor ich auch nur einen Buchstaben eingetippt habe. Die Müdigkeit. Ich meine mich zu erinnern, dass es Drogen gibt, die aufputschen, aber wen könnte man danach fragen? Alle Menschen, die ich kenne, leben drogenfrei, bis auf ein paar Gelegenheitskiffer und von denen weiß ich, dass sie trantütig und lahmarschig sind und auch sonst keine Augenweide und so will ich nun auch wieder nicht sein. Das wirklich gute Zeug kriegt man in meinem Spießerbezirk ohnehin nicht. Alkohol vertrage ich nicht, das Rauchen habe ich auch aufgegeben, weil mein Vater mich darum bat und ich aus einer Laune heraus sagte: Gut, wenn es dir so viel bedeutet, dann will ich es dir nicht abschlagen und so kommt es, dass man in harten Zeiten nicht mal anständig auf Drogen sein kann, weil man sich als kultivierter Mensch in der Geschichte der Literatur, Politik und Kunst auskennt, aber keinen Namen im Adressbuch führt, der einem was Ordentliches verabreichen kann. Jeder Tag ist wie ein Glücksspiel. Mal habe ich Glück und schaffe es ohne starke Schmerzen, meist habe ich Pech. Der Griff zur Schachtel Ibuprofen ist längst nicht mehr mit der Aufregung belegt, wie er es früher war, bevor mein Vater Krebs bekam und ich jede Tablette fast stolz kommentierte: Ich habe eine Tablette genommen, mir ging es heute nämlich nicht gut, so erwähnt man fast andächtig jedes Kinkerlitzchen, bis man begreift, was Kranksein wirklich bedeutet. Gönn dir mal was, schlaf viel und iss Schokolade, riet mir eine Freundin, die sehr nett ist, aber langweilig bis unter die Haarspitzen, und glaubt, viel Schlafen und Zucker seien der Gipfel der Sünde. Überhaupt die Ratschläge. Isst du genug? Vergiss nicht, viel Wasser zu trinken, davon vergeht der Kopfschmerz. Mach auch mal was für dich! Interessanterweise rät einem niemand, ausgelassen und promisk herumzubumsen. Das Schreibprogramm ist an und flimmert und wartet auf weise Gedanken. Ich kann nicht mehr denken, nicht mehr geistreich sein, und immer häufiger hören sich meine Texte vage an. Ich selbst hätte mich schon hundertmal hinausgeworfen.

So leben wir die Tage ab und sehen keinerlei Verbesserung. Ein Freund ruft an und wir unterhalten uns über dieses und jenes. Ich frage, was es Neues gibt. Da erst teilt er mir mit, dass seine Mutter an Brustkrebs erkrankt sei und ebenfalls eine Chemotherapie bekomme. Ich bin fassungslos. So eine Nachricht erzählt man doch nicht auf Nachfrage. Das krempelt doch das ganze Leben um. Och nö, die Mutter kriege das alles gut hin, sie schmeiße den Haushalt und möchte nicht über die Krankheit reden. Die Krankheit meines Vaters hat unsere Familie verstört und verändert. Ja, sagt der Freund, die Krankheit sei eine neue Erfahrung, aber er selbst ist Vater geworden und vielleicht deshalb nicht in der Lage, sich aus der Bahn werfen zu lassen. Außerdem sei bei ihnen in der Familie seine Schwester diejenige, die ihr Gleichgewicht verloren habe. Söhne sind dafür da, die Autos ihrer Väter bei der Kfz-Stelle anzumelden oder den Wagen in die Werkstatt zu bringen, Töchter übernehmen die Körper ihrer Väter, wenn sie reparaturbedürftig sind.

Der Krebs macht einsam. Man teilt nicht mehr jeden Gedanken mit. Das erste Mal in meinem Leben schaue ich in den Spiegel und kann mich nicht erkennen. Ich hatte vor langer Zeit Bekanntschaft mit meiner Person geschlossen und meinte, mich endlich gesehen zu haben. Nun bin ich irritiert von mir selbst. Beobachte mich argwöhnisch von außen, wie ich gehe oder stehe. Die Schritte hallen grotesk laut nach. Wenn mich jemand anspricht, erröte ich. An der S-Bahn-Haltestelle stehen Touristen mit einem Faltplan und suchen hilflos umher, unsere Blicke treffen sich, ich gehe zügig weiter. Kann nicht helfen. Solche Sachen. Kleinigkeiten. Nicht wichtig, aber anders als sonst. Zweifel, wo sonst keine waren. Gefühle, die meinem Erfahrungsthesaurus unbekannt sind, überwältigen mich und es fehlen die Vokabeln, sie zu benennen. Ratlos, haltlos, etwas in dieser Richtung, ausgerechnet jetzt, da mein Vater zu Hause ist.

*

Auf dem Tisch stehen ein Glas Tee und eine Schale frisch gewaschener Rucola. Saftig grün leuchten sie auf der weißen Porzellanschale mit den blauen Blumen.

Mein Vater sitzt mir gegenüber und sieht die Schale an. Eigentlich wollte ich längst im Büro sein, aber heute fühle ich mich bleiern. So geht es seit ein paar Tagen, kann mich nur mühsam bewegen. Das macht die Krankheit meines Vaters. Wie bei Ehepartnern, die während der Schwangerschaft ihrer Frauen zunehmen, stecken mich Vaters Symptome zeitversetzt an. Verstimmungen, Fieber, Schweißattacken in den Nächten, selbst meine Haare fallen aus. Mein Vater sitzt mir gegenüber. Auch ich habe die Verbindung zur Außenwelt verloren. Zur Wohnung, zum Arbeitsweg, dem Büro, jede Bewegung und jedes Geräusch verunsichern. Klangen die Holzdielen in der Wohnung immer schon so, seit wann macht der Kühlschrank dieses Geräusch? Das Summen im Ohr ist lauter geworden, meine Schwerhörigkeit hat zugenommen. Auf einmal zieht mein Vater die Schale mit dem Grünkram zu sich heran. Das Frühstück ist eigentlich beendet, er hat nur mäßig gegessen, fühlte sich beobachtet, war gereizt, und im nächsten Moment tat es ihm leid. Alles wie immer. Wir lassen stets etwas zum Essen stehen, nicht absichtlich, es ist einfach so. Meistens bleibt die Schüssel mit den Oliven auf dem Tisch, heute ist es das Gemüse. Er greift mit Daumen, Zeige- und Mittelfinger in das Kraut, zupft sich ein ganzes Bündel heraus und steckt es sich in den Mund, er kriegt nicht alles auf einmal rein, aus den Mundwinkeln hängen ein paar Blätter heraus, er stopft sie mit den Fingern hinterher. Er kaut und malmt und schluckt sie herunter. In der Schale hat sich etwas Wasser gesammelt, er setzt die Schale an und trinkt die Tropfen. Er stellt die Schale zurück auf den Tisch, steht auf und will an mir vorbeigehen. Ich kann es nicht erklären, ich weine nicht vor meinem Vater, kein einziges Mal habe ich das getan. Es gibt keinen vernünftigen Grund, Vaters plötzlichen Appetit auf die Rucola zu betrauern, jedenfalls will er an mir vorbei, mein Kopf fällt auf die Tischplatte, ich kann nicht an mich halten, ich muss weinen, so sehr, dass ich den Kopf nicht mehr heben kann. Mein Vater schlurft umständlich zu mir hin, ich sehe seine Beine und fühle, wie er sich über mich beugt, seine knochigen Hände drücken meine Schultern, wie eine Decke legt er sich über meinen gewölbten Rücken, ich fühle seine Wärme, er lässt mich nicht los und ich kann nicht aufhören und also nutzt er das wohl als Freibrief und legt auch richtig los und weint mit und das macht mich so schlagartig nüchtern, ich bin in solcher Weise klar im Kopf, dass ich ihn anschaue und sage: Papa, bloß weil ich ein Nervenbündel bin, heißt das noch lange nicht, dass du gemütlich mitmachen darfst.

*

Es war im Jahr 1969, als wir hörten, dass mein Bruder Ismo aus dem Gefängnis geflohen ist. Er saß bereits zwanzig Jahre und hatte keine Lust mehr, inhaftiert zu sein. Dauernd wurde er von einem Gefängnis ins nächste gebracht, überall stiftete er Unruhe. Auf einer dieser Verlegungstouren ist er ausgebüxt und hat sich in den Bergen versteckt. Die kommenden fünf Jahre war er der König der Berge, kannte jede Quelle, jeden Thymianzweig und heiratete Naciye. Ein Kind nach dem anderen kam auf die Welt.

Er kostete sein Leben als Kerkerflüchtling gehörig aus. Wenn er in den Bergen jemandem begegnete, den er nicht kannte, stellte er sich vor die Person und sagte: Ich bin Ismo, hier regiere ich. Ich habe mehrere Männer umgebracht und bin aus dem Gefängnis geflohen. Mehr brauchte er gar nicht zu sagen. Die Leute zogen sich halb aus, gaben Geld und Kleidung ab, legten ihm die Lebensmittel, Zucker, Reis und Weizengrütze – früher ging man nie mit leeren Händen in die Berge – vor die Füße und liefen schnell weg. Einmal verließ er die Berge und kam nach Bingöl. Ein Kumpel aus der Gendarmerie gab uns Bescheid und sagte, die suchen Ismo, wenn er hier herumspaziert, verhaften sie ihn sofort wieder. Ihr müsst ihn wegbringen. Es war mitten im Winter, meine Schwester Uriel wohnte am anderen Ende der Stadt. Wie sollten wir ihn dahin bringen und verstecken, ohne dass uns jemand dabei sah? Wir organisierten das einzige Taxi der Stadt und ohne die Scheinwerfer anzumachen kutschierten wir ihn durch die Schneewehen zu meiner Schwester. Ismo lag im Kofferraum in einen Teppich gewickelt. Mein jüngster Bruder Arif und ich holten den Teppich heraus und trugen ihn zusammengerollt ins Haus. Für den Fall, dass uns Nachbarn beobachteten, sagten wir laut: Hoffentlich verspielt unser Schwager Hadschi Turan diesen Teppich nicht beim Glücksspiel.

Drinnen machte Uriel Tee, wir saßen bei Kerzenschein

und wollten alle bald schlafen gehen, sagte Ismo auf einmal: Na, ihr Hasenfüße, habt ihr euch beruhigt? Ihr habt euch vor Angst in die Hosen gemacht, ihr Krummbuckel. Wir dachten, wir hören nicht richtig. Wer hatte sich noch gleich in den Teppich wickeln und wie ein Opferlamm abtransportieren lassen? Niemand sagte etwas. Wir wussten, ein falsches Wort, und er wäre uns an die Gurgel gesprungen.

1974 wurde Bülent Ecevit Ministerpräsident der Türkei und erließ eine Generalamnestie für politische Gefangene. Infolgedessen wurde der aus dem Gefängnis entflohene Ismo ein freier Mann.

Das war natürlich ein großes Glück für ihn. Er war ein Aktivist und Störenfried, aber nicht aus politischen, sondern aus persönlichen Gründen. Ich habe deinen Onkel in Dutzenden Gefängnissen besucht. Die halbe Türkei hatte ich bereist, um ihn zu sehen. In Amasya fand ich Ismo als Gefängniskantinenbetreiber vor. Er war wie ein Mafiapate gekleidet, Anzug, Hemd, Weste, Uhrkette, Krawatte, und organisierte in diesem Aufzug die Belange der Speisung. Er saß an einer Art Schreibtisch, und wer mit ihm reden wollte, trat vor den Tisch und wartete, bis sein Blick zu verstehen gab: Sprich, was gibt's? Ich ging zu einem offiziellen Befehlshaber, der ebenfalls anwesend war und Tee trank. Ich sagte: Herr Kommandant, darf ich mich einen Moment zu Ihnen setzen? Ja, setzen Sie sich, willkommen, mögen Sie einen Tee? So ging das damals in den Gefängnissen zu, eher locker. Ich fragte: Herr Kommandant, wann kann er raus? Der Kommandant beugte sich zu mir und antwortete: Ehrlich, wir blicken hier alle nicht mehr durch. Seine Akte ist so dick, und er zog mit der Hand eine unsichtbare Linie vom Boden hoch. Durch die vielen Verlegungen weiß niemand, wann der erste Tag seiner Haft war, weshalb auch niemand weiß, wann der letzte Tag seiner Haft sein wird. Weshalb genau sitzt er eigentlich, erkundigte ich mich. Das wissen wir auch nicht. Neuerdings behauptet er, er habe auch den Cousin des Ağas ermordet und es außerdem mit dessen Frau getrieben. Er ist ein Großmaul, aber wir sagen das nicht laut, weil er so jähzornig ist. Könnten Sie ihn etwas länger dabehalten, fragte ich den Kommandanten. Sind Sie verrückt? Wir sind froh, wenn er weg ist. Wir haben schon seine Verlegung beantragt.

*

Der erste Ausflug. Wir stehen auf der Straße. Wohin soll es gehen? Einfach los oder ein Ziel? Ein Ziel, sagt mein Vater. Ich nenne eine Straße. Unter normalen Umständen dauert es dahin eine Viertelstunde. Ich schlage vor, dass ich das Auto in die Straße bringe, damit wir den Rückweg mit dem Auto fahren können. Mein Vater hat gute Laune: Nein, ohne Auto, das schaffe ich. Los geht's, gibt Vater das Kommando, und hakt sich bei seiner Liebsten unter. Nicht umgekehrt. Seit einigen Wochen ist mein Vater schwer gehbehindert. Er braucht einen Arm, an dem er sich festhalten kann. Wir gehen los, jeder kann merken, dass hier ein Mann voller Stolz und Genugtuung seine

Gasse entlangläuft, als hätte er sie mit eigenen Händen gebaut. Wir haben ein solches Glück, das Wetter ist diesen Frühling so herrlich, überall in den Bäumen geht kurz vor sechs ein sagenhaft fröhliches Gezwitscher los. Wir haben die besagte Ecke erreicht und fragen, ob er sich die große Kreuzung auch noch antun möchte. Ja, er ist übermütig, er will die Kreuzung überqueren, trotz der lauten Autos und dem Gehupe, dem Lärm und Gestank und also laufen wir weiter, am Horizont ist ein Licht. Es ist wirklich schwer zu beschreiben, denn nichts passiert, außer dass drei Leute durch eine normale Gegend laufen, und das Aufregende wütet und quirlt in einem selbst und ich spreche jetzt nur für mich, weiß der Himmel, was in meinem Vater vorgeht, in seiner Liebsten, wir reden nicht, denn der Zauber besteht darin, so zu tun, als gäbe es nichts zu sagen, wir spielen Am-Alltag-Teilnehmen und kosten es in vollen Zügen aus.

Irgendwann kann er nicht mehr, der Vater setzt sich draußen vor einer Kneipe auf die Bierbank und keucht und gibt es zu. Ich kann nicht mehr, sagt er und ruht sich aus und sieht wirklich schlecht aus, so ganz anders als noch vor einer halben Stunde, als wir losliefen, und wir halten und warten und bieten etwas zu trinken an, aber er kann nicht und dann gehen wir ein paar Schritte, aber er kann wirklich nicht mehr und ich krame mein Handy raus und will ein Taxi rufen und mein Vater interveniert: Auf keinen Fall rufst du ein Taxi, und ich lege das Handy zurück und sage: Gut, warte hier, ich laufe los und hole das Auto. Auf keinen Fall holst du das Auto! So schleichen wir los, etwas beängstigt, weil man sich nie sicher ist, ob man alles richtig macht, stolpern und halten und warten und schnaufen, an meinem Rücken läuft der Schweiß herunter, ich mache mir Vorwürfe. Wir hätten an der Ecke vor der Kreuzung umdrehen sollen. Irgendwie kommen wir doch noch an und sind fix und fertig. Wieder stehen die Stufen zur Eingangstür wie eine unüberwindbare Grenze zwischen Vater und seinem ersehnten Bett und er schafft die vier Stufen, langsam, hat Schmerzen, das hört man an seinem stoßartigen Atem und wir gehen ins Treppenhaus und wissen, die zwei Etagen werden ihm gleich den Rest geben. Ich bin nicht sein Sohn, dennoch beuge ich meinen Rücken, es ist ein Reflex und sage: Vater, ich trage dich. Mein Vater macht Anstalten, sich über meinen Rücken zu schmiegen und seine Arme um meine Schultern zu legen. Ich gehe in die Knie, damit er es leichter hat, ergreife seine Hände über meiner Schulter und wie wir uns an den Händen fassen, fängt Vaters Liebste an zu schluchzen und mein Vater erschrickt ganz fürchterlich und geniert sich und sagt: Nein, das mache ich nicht, ich schaffe das alleine! Er bemerkt den kurzzeitigen Verlust seiner Autonomie und damit seiner Würde, weil er sich fast hätte von seinem Kind tragen lassen, und ich spüre, dass ich hier doch nichts ausrichten kann und gehe hoch in die Wohnung. Ich finde das alles nicht schlimm, immerhin waren wir mit meinem Vater draußen. Wir nahmen am Leben teil!

Oben angekommen, legt er sich sofort hin. Ich ziehe ihm die Schuhe aus und decke ihn zu, sofort fällt er in den Schlaf. Seine Wangen sind hohl, das heißt, in der Mitte ist eine Mulde und darunter spannt sich das Wangenfleisch über die Zähne, die

Augenringe dunkel, die Haut blutarm. Ein gutes Bild, ich nehme meinen Apparat und einen Stuhl und stelle mich darauf und fotografiere meinen Vater von oben. Dann zoome ich an die erschütterndsten Körperstellen heran. Fotografiere die dünnen Beine, die aus den Socken herausschauen, halte die spitzen Rippen fest, die Wangen, die Augen und steige leise vom Stuhl herunter. Mein Vater versucht, ein Auge zu öffnen, schafft es aber nicht, will etwas sagen, ich kann mir schon denken, was, ganz sicher will er protestieren, seine Gesichtszüge entspannen sich wieder. Ich sitze auf dem Sessel neben ihm, schaue ihn an und überprüfe mich, ob so etwas wie Gewöhnung eingetreten ist, leider nein. Es ist nur ein Gefühl. Ich kann es nicht wissen, aber ich weiß es. Er wird nun alleine zu seinem Arzt gehen können, der sich bloß auf der anderen Straßenseite befindet, wir werden ihm kleine Aufgaben geben müssen. Die Wege sollten so kurz wie möglich sein, so dass immer genügend Energie vorhanden ist, damit er die Treppen schafft. Vielleicht könnte er ein Brot vom Bäcker holen.

*

Habe ich dir erzählt, was geschah, als Naciye, Onkel Ismos Frau starb? Sie hatte Brustkrebs und es war kein Geld mehr für Medizin übrig. Sie hatte große Schmerzen. Ihre sieben Kinder waren um sie versammelt. Das jüngste acht Jahre alt und das älteste 25. Sie weinten, weil sie wussten, dass der schönste Teil ihres Lebens mit dem letzten Atemzug ihrer Mutter enden würde. Sie wären dann mit ihrem schrecklichen Vater alleine. Sie hörten den Traktor draußen und einen Mann, der schrie: Heee, Dorfgemeinschaft!, kommt alle raus und schaut, wie sehr ich meine Frau liebe und um sie trauere. Naciye, Naciye, komm ans Fenster! Dein Cousin Ekko nahm seine Mama auf den Rücken und trug sie vor die Tür. Das ganze Dorf stand Spalier und mittendrin der schreckliche Ismo, der mit einem Traktor und einem Anhänger vorfuhr. Schau auf die Ablagefläche, Naciye! Das wird dein Grabstein. Ich habe ihn gerade abgeholt. Du wirst die erste Frau des Dorfes, die auf ihrem Grab einen Stein haben wird. Naa? Freust du dich?

*

Veränderung. Ganz langsam. Keine Verbesserung, aber eine Nuance entfernt von dem, was wir die ersten Wochen zu Hause erlebten. Vaters behandelnder Arzt hat ihm einige Schmerzmittel aufgeschrieben, die er nur noch abends einnimmt, damit er schlafen kann. Die Schlaftabletten hat er eigenständig abgesetzt, weil er sich vor einer Abhängigkeit fürchtet. Mein Vater nimmt Telefonate an. Er geht in die Apotheke und holt bestellte Medikamente ab. Wir versuchen, ihm einen Film zu zeigen, aber das ist zu viel. Auch Romane vorgelesen zu bekommen macht ihm noch keinen Spaß. An Musik hat er völlig das Interesse verloren. Wir verstehen es. Sein Zustand ist ihm Abwechslung genug. Aufstehen, ins Bad gehen, in die Küche, essen, ausruhen, einmal am Tag runtergehen, wieder ausruhen, Lungenübungen mit dem blauen Pustegerät machen, Grüße am Telefon ausrichten, auf dem Balkon sitzen, in den

Himmel schauen, das reicht völlig. Morgen beginnt die ambulante Chemotherapie. Wir sind froh, dass es weitergeht. Er nicht.

*

Der frühe Tod meiner Mutter hatte aus meinem Vater einen gebrochenen Mann gemacht. Er war arm, aber genügsam. Mal arbeitete er hier oder da als Hilfsarbeiter, aber irgendwann war er zu alt. Wir Kinder halfen ihm, über die Runden zu kommen. Wenn ich ihn zur Begrüßung umarmte, steckte ich ihm immer ein Geldbündel in die linke Jacketttasche. Einmal saß ich mit ihm im Teepark, wir tranken Tee und Ayran. Ich stand auf und wollte zahlen. Als ich nach dem Zahlen zurück an den Tisch meines Vaters kam, machte er ein Riesentheater. Mit geschwollener Brust polterte er laut los: Wie kannst du an einem Tisch, an dem dein Vater sitzt, die Rechnung übernehmen? Schämst du dich nicht, an diesem Tisch zahlt die Rechnung immer noch Ali Haydar, Spross aus der Xeramen-Sippe. Aber Baba, versuchte ich, mich zu rechtfertigen, das Geld, mit dem du die Rechnung zahlen würdest, stammt doch auch von mir, welchen Unterschied macht es, ob ich bezahle oder du? Mein Vater war tief gekränkt. Erst viel später verstand ich, dass ich die Würde meines Vaters, die durch seine Armut verletzt war, durch diesen Satz ein zweites Mal beschädigt hatte.

*

Ich fahre meinen Vater zu seiner ersten ambulanten Chemotherapie. Ich nehme mir vor, das Gespräch hinter mich zu bringen, bevor wir das Krankenhaus erreichen.

Hast du schon einmal von einer Patientenverfügung gehört?

Nein.

Darin kannst du festlegen, was passieren soll, wenn du nicht mehr selber entscheiden kannst.

Entscheide du alles für mich.

Woher weiß ich denn, was du willst?

Mach es bitte so, wie es für dich bequem ist.

Das ist alles nicht so einfach. Wollen wir das nicht besser schriftlich festhalten?

Was?

Deine Wünsche.

Mir ist alles egal. Du bist die Älteste, du entscheidest.

Das müssen wir aber aufschreiben, dass ich alles entscheiden soll.

Du hast mein Wort, genügt das nicht?

Bist du wirklich so ahnungslos?

Ich will nicht mehr darüber reden.

Was ist so schlimm daran, darüber zu reden?

Ich will nicht.

Und wo soll ich dich bestatten lassen?

Wo du willst.

Papa, du treibst mich in den Wahnsinn. Wenn du mir weiter auf die Nerven gehst, kommst du auf einen Kartoffelacker.

In Ordnung.

Gut, dann ist es beschlossen. Du kommst zu den Kartoffeln.

Von mir aus, Kartoffeln esse ich gerne. Ende Diskussion.

*

Ich glaubte, wirklich alles gesehen zu haben, was es an Krebsszenarien gibt, aber was mir auf der ambulanten Chemostation begegnet, ist zu grausam. Eine junge Patientin wurde in einem Krankenstuhl in den Raum getragen und auf einen Behandlungsstuhl gesetzt. Sie hat keine Haare auf dem Kopf und auch kein Lippenrot. Sie sieht wie eine Wachsfigur aus und befindet sich in einer Art Bewusstlosigkeit. Da ist nichts, was als Indiz gedeutet werden kann, dass sie wahrnimmt, was mit ihr geschieht. Sie ist in einer Art Delirium. Wie kann man das einem Menschen antun? Die Schwester begrüßt sie mit den Worten: Heute ist das letzte Mal, dann haben Sie es geschafft. Natürlich folgt keine Reaktion, wie auch, der Mensch, der da sitzt, ist kein Mensch mehr, sondern nur noch Leid.

Eine Wasserstation ohne Kohlensäure blubbert auf dem Gang. Wer es noch kann, nimmt sich einen Plastikbecher Wasser und wieder verstehe ich nicht, weshalb nicht ein paar frische Blumen im Wartebereich stehen, eine Schale frisches Obst. Das Menschenmögliche ist eben doch nicht möglich, wer hier sitzt und wartet, muss sich seinen Trost mühsam beim Blick auf kahle Wände herbeisinnieren, ein System, um das wir angeblich in der ganzen Welt beneidet werden. Mein Vater ist ganz blass geworden. Papa, das ist völlig normal, zum Ende der Chemotherapie, das sagte uns der Arzt bereits, wird es mühsam, aber man erholt sich wieder, die junge Frau wird sich wieder erholen. Mein Vater wird von einer Ärztin untersucht, ihm wird Blut abgenommen, warten, noch mehr warten – und dann endlich das ärztliche Startzeichen, wir dürfen in den Chemosaal. Ein feierlicher Moment, mein Vater schreitet würdevoll. Er bekommt einen Platz zugewiesen, der wie ein Zahnarztbehandlungsstuhl aussieht, und wird an die Infusion angeschlossen, das Ganze wird einige Stunden dauern und ich frage, ob ich einen Stuhl nehmen darf, um mich zu meinem Vater zu setzen. Das Radio dudelt, man hätte wenigstens einen Klassiksender einstellen sollen, wenn auf das Radio schon nicht verzichtet werden kann. Das stelle ich mir ganz hübsch vor, dass zum musikalischen Thema des sterbenden Schwans die Medizin in transparenten Schläuchen leise in die jämmerlichen Gestalten tänzelt, es ist aber ein Laberdudelkanal und, ich sagte es bereits mehrmals, einiges ist so unfassbar beknackt in diesem Krankenhaus, aber es ist unmöglich einzuschreiten, die Schwestern verbreiten mit ihrem täglichen Unmut über ihre Arbeitsbedingungen ein Klima, das es verbietet, sich zu beschweren und so ist ihre ständig an der Grenze zum Zusammenbruch gespannte Stimmung penetrant dominant und bewirkt, dass man sich ängstigt und es erträgt mitanzusehen, wie die Patienten beschallt werden. Wer sich in der letzten Chemophase befindet, ist empfindlich an Nase, Augen und Ohren, aber wenn die Schwester Lust auf die *Morning-Show* verspürt, dann müssen auch die dem Tod geweihten Menschen sich anhören, wie stupide Anrufer ins Studio geschaltet werden und über ihren Wochenanfangsblues jammern. Also, darf ich?, wage ich noch einmal einen Vorstoß und deute auf den Stuhl. Die Antwort ist Nein! Ich gehe raus auf den Gang und die Gedanken flitzen hin und her, das ist doch ein Blödsinn, dass ich nicht zu meinem Vater darf, er ist unheilbar krank und jede Minute ist wichtig, ich gehe zurück in den Behandlungsraum, nehme mir einen Schemel und setze mich zu Füßen meines Vaters. Die Schwester kommt rein und noch bevor sie etwas sagen kann, sage ich: Niemand bekommt mich hier raus! Mein Vater krault mich an der Schulter. Ruhig, Tochter, ermahnt er mich, alles wird gut.

*

Tochter, habe ich dir erzählt, dass ich als Facharzt für Gynäkologie arbeitete? Durch meine Deutschkenntnisse aus der türkischen Schule und den Sprachkurs, den ich von der Fabrik bezahlt bekam, konnte ich unter allen meinen Kollegen am besten Deutsch. Ich übersetzte, wo es nötig war, in der Fabrik, beim Vorarbeiter, Betriebsarzt, Vermieter und manchmal kamen auch Kollegen und baten mich, dass ich sie und ihre Frauen zum Gynäkologen begleite. Mir war das schrecklich peinlich, aber den Paaren war es noch peinlicher. Wir gingen gemeinsam zum Arzt und saßen zu dritt beim Arztgespräch. Die Worte »letzte Periode« und »letzter Geschlechtsverkehr« schaute ich im Wörterbuch nach und übersetzte hin und wieder zurück. Ich sollte fragen, also fragte ich.

Veli, mit Verlaub, Bruder und Freund, wann hast du dich das letzte Mal zu deiner Frau gelegt?

Hat er das wirklich gefragt?

Sonst würde ich das doch nicht übersetzen.

Was geht ihn denn das an?

Soll ich ihn das fragen?

Ja. Frag ihn.

Ich fragte den Arzt: Was geht es Sie an, wann die das letzte Mal beieinander waren?

Der Arzt erklärte Zyklus, Eisprung und das ganze mysteriöse Zeug.

Ich sagte: Veli, er will es halt wissen.

Veli schaute seine Frau an: Wann lag ich das letzte Mal bei dir?

Die Frau antwortete: So etwas tun wir nicht.

Ich übersetzte: So etwas tut das Paar nicht.

Ja, dann muss es wohl der Klapperstorch gewesen sein, die Frau ist schwanger, grinste der Arzt.

Ich wiederholte: Kelappeschitorch, und wollte es gerade im Wörterbuch nachschlagen.

Ja, das ist ein Vogel in Deutschland, der die Kinder bringt, lachte der Arzt und machte mit seinem Arm Flatterbewegungen.

Ich sagte: Veli, hör zu, erschrick nicht, aber ein Vogel bringt euch ein Baby.

Ist der Arzt bekloppt oder was?

Soll ich fragen?

Nein, nein, lass mal, danke für die Nachricht.

Wenn mich jemand in der Fabrik fragte, ob ich ihn und seine Frau zum Arzt begleiten würde, fragte ich schon mal vorab: Wann hat deine Frau ihre letzte Periode gehabt, wann habt ihr es gemacht, ist ihr schlecht? Na, dann wird wohl dieser Vogel bald kommen, stellte ich die Diagnose, noch bevor wir hingingen.

*

Ich rede auf meinen Vater ein: Papa, wollen wir nicht in deiner Hausarztpraxis anrufen und darum bitten, dass man uns eine Kopie des Arztbriefs aus dem Krankenhaus schickt? In so einem Brief stehen eine Menge Details zur Diagnose und Behandlung, die wir aus den Gesprächen mit den Ärzten noch nicht erfahren haben. Laborbefunde über Tumorproben in unterschiedlichen Stadien, Zusammensetzung der Zystotika, Einzelheiten über die Ergebnisse der Röntgenuntersuchungen und Computertomographien. Hat das nicht Zeit, fragt mein Vater. Nein, sage ich. Du willst immer, dass alles schnell geht, mault er. Es ist doch nur ein Anruf, und schon bekommen wir den Behandlungsverlauf hier auf meinen Schreibtisch gefaxt. Mein Vater fängt kompliziert an zu erklären, das behandelnde Krankenhaus habe sicher viel zu tun, weshalb der Brief nicht wie versprochen gleich in der Woche der Entlassung an den Hausarzt gesendet worden konnte. Papa, werde ich langsam ungeduldig, das hast du mir alles schon einmal erzählt. Tu mir den Gefallen und bring mir den Arztbrief entweder mit oder bitte telefonisch darum.

Als ich meinen Vater das nächste Mal zu seinem Arzt begleite und mich verabschiede, um ihn später wieder abzuholen, rufe ich ihm nach: Vergiss bitte nicht den Arztbrief! Zu Hause entschuldigt er sich. Meine liebe Tochter, mein Küken, glaube mir, ich habe es vergessen. Papa, verheimlichst du mir etwas? Bei so einer ernsten Krankheitsgeschichte treibt man doch keine Spielchen, antwortet mein Vater. Ich weiß, dass er meine Art, nichts auf sich beruhen zu lassen, gerne veralbert, weil ich mit meiner Unerbittlichkeit das absolute Gegenteil von ihm bin. Er ist fast ein wenig stolz darauf, einen Menschen gezeugt zu haben, der das völlige Gegenteil von ihm ist. Du bist ganz schön komisch anders, sagt mein Vater. Ich fange an, ungeduldig zu werden. Warum bin ich wohl so, Papa? Weil ich es immer bin, zu der du mit allem kommst. Deshalb habe ich ein Recht darauf, genauestens über den Verlauf deiner Krankheit und deiner Behandlung Bescheid zu wissen. Weißt du noch, wie das mit deinem Husten vor Jahren anfing, und du sagtest, nicht doch, das ist eine Bronchitis, das macht nichts. Und immer fragt man dich und immer heißt es, es mache nichts und dann ist es nämlich keine Bronchitis, kein bedeutungsloser Husten, dann stellt sich heraus, dass du bereits Narben auf der Lunge hast, wegen nicht behandelter Lungenentzündungen und dann machen sich die Ärzte an den Entzündungsherd ran und entdecken dahinter einen gigantischen Krebs. Ich merke, wie alles in mir hochbrodelt, kocht, überzuschwappen droht. Innerlich ermahne ich mich. Hör auf, sprich nicht weiter, hinterher tut es dir leid. Sag nichts. Er hat es längst kapiert. Ich hole Luft und sage: Papa, es ist dein Leben. Wenn du stirbst, dann stirbst du eben. Aber bitte tu mir den Gefallen und stirb so, dass du mir keine Umstände machst! Mein Vater wird blass und setzt sich: Morgen bringe ich dir den Brief, versprochen.

Am nächsten Tag steht mein Vater mit einem knittrigen Umschlag in der Hand vor mir. Er sagt: Ich bin zum Hausarzt gegangen und habe gesagt: »Zu Hause wartet meine Tochter, sie ist Medizinprofessorin und möchte gerne einen Blick auf Ihre Arbeit werfen, für den Fall, dass Sie etwas falsch machen. Nehmen Sie es nicht persönlich, mich kontrolliert sie auch ständig.«

Ich ignoriere Vaters hilflose Art, eine Pointe in die angespannte Situation zu klemmen. Das gestrige Brummen und Grollen meldet sich zurück. Ich nehme den Brief in die Hand, hole die Blätter heraus und beginne zu lesen. »Zyste an der Niere.« Zyste an der Niere? Papa, davon hast du mir nichts erzählt. Zyste an der Niere, weiß ich nicht, sagt mein Vater. Hier steht, erkläre ich weiter, dass der Herd auf der Leber metastasenverdächtig ist. Hier steht auch, versuche ich, in einfachem Deutsch zu erklären, dass der Herd, falls er neu ist, schlecht wäre, falls er alt ist, unbedenklich. Mein Vater wird ganz blass. Hast du eine Idee, was sie machen, wenn das Metastasen auf der Leber sind? Ich sage, ich weiß es nicht. Was machen sie dann, fragt er erneut. Was soll ich antworten? Soll ich ihm sagen, dass ich gelesen habe, der Lungenkrebs streue vornehmlich im Gehirn und in der Leber? Wie soll ich jetzt trösten? Vater geht es nach seiner ambulanten Chemotherapie nicht gut. Er verfällt zunehmend in Appetitlosigkeit, hat traurige Episoden und hustet wieder. Mein Vater wartet auf eine Antwort. Dass bei meinem Vater ein erhöhtes Risiko für Metastasen besteht, wusste ich bereits vor dem Brief. Aber jetzt habe ich den Brief in der Hand und mein Vater möchte darüber reden, er ist jetzt bereit dazu, immerhin hat er sich ein Herz gefasst und ist zu seinem Arzt gelaufen, um den Brief zu holen. Der Brief legitimiert für ihn das Gespräch. Natürlich wissen die Ärzte, was zu tun ist, antworte ich, statt einfach zu sagen: Wenn du Metastasen hast, heißt es, dass dein Tumor anfängt durchzudrehen und du am Arsch bist. Zu meiner großen Überraschung lehnt mein Vater sich zurück und sagt: Das denke ich auch, die werden schon wissen, was zu tun ist. Ich bin wie ein wetterfühliger Pinienzapfen, der bei Wärme aufspringt und seine Kerne freigibt. Vaters Krankheit hat meine Schale aufgebrochen und beginnt mein Inneres nach außen zu stülpen. Eine Stelle im Arztbrief bewegt mich sehr, mein Vater ist ein lieber Mensch, selbst Menschen im hohen Alter, die den Begriff des Liebseins nur in Bezug auf ihre Enkelkinder verwenden, benutzen für meinen Vater das Attribut »lieb« und jedenfalls steht da, fast hätte ich es überlesen in diesem mehrseitigen Brief voll fremder Ausdrücke: »Herztöne rein«. Ich stehe auf und drücke meinen Vater am Arm und sage ganz beiläufig: Du, ich mache mir auch keine Gedanken, die Ärzte werden alles Nötige veranlassen, und gehe in die Küche und habe die Formulierung noch Stunden später im Kopf, selbst als ich einschlafe, tu ich es mit einem schlechten Gewissen, weil ich ihn des Briefes wegen so rannahm, meinen lieben Vater, er ist so klein, die Herztöne rein, jetzt habe ich den Beweis, schwarz auf weiß, abgestempelt und mit Unterschrift.

*

Die zweite ambulant verabreichte Chemotherapie stand auf dem Plan, ich setzte meinen Vater ins Auto, fuhr los und im Behandlungsraum der Ärztin stellt sich heraus, Vaters Erschöpfung wird durch eine massive Blutarmut verursacht. Für meinen Vater stehen trotz seltener Blutgruppe Konserven mit Spenderblut bereit und natürlich ist aus Vaters Perspektive kein Raum für Spontaneität, denn er ging davon aus, in ein paar Stunden sei er wieder daheim, nun aber werden die Chemoinfusionen verschoben, denn er kann sich vor Erschöpfung kaum auf den Beinen halten. Die gute Nachricht, es befinden sich außer dem Tumor in seiner Lunge keinerlei weitere Metastasen im Körper, allerdings, und das sei die weniger gute Nachricht, sei wieder Wasser in der Lunge.

Ich muss meinen Vater auf die Chirurgie begleiten, sein Husten, ich ahnte es bereits – denn ich kann mittlerweile Husten ohne Pleuraerguss vom Husten mit Erguss unterscheiden –, klingt nach Schläuchen und Schmerzen, nach einer Behandlung, die meinen Vater schon einmal die Fassung verlieren ließ. Im Krankenzimmer angekommen, die Formalitäten in der Anmeldung habe ich hinter uns gebracht, die Telefonkarte habe ich zwischendurch mit dem Höchstbetrag aufgeladen, gesteht mein Vater mir, dass er kein fremdes Blut akzeptieren könne. Ich frage ungläubig nach:

Was meinst du mit fremdem Blut?

Ich meine das Blut eines anderen Menschen.

Papa, das Blut, das du bekommst, ist nicht das vollständige Blut eines anderen Menschen. Durch deine Chemotherapie kam es zu einem Abbau deiner roten Blutkörperchen. Du hast eine

Anämie. Was man dir geben wird, sind rote Blutkörperchen, kein Vollblut. Es ist wie mit der haltbaren Milch, die wir entrahmt, homogenisiert und sterilisiert kaufen und die mit dem, was frisch aus der Zitze gemolken wird, nichts mehr zu tun hat.

Ich kann das Blut nicht nehmen.

Bluttransfusionen sind eine Routineangelegenheit. Mich wundert, dass du nicht längst etwas bekommen hast.

Wessen Blut ist es?

Ich werde auf den Beutel schauen und dir Namen und Adresse nennen. Wir schicken dann einen Blumenstrauß zum Dank.

Ich will kein Blut.

Wenn du das Blut bekommen hast, wird es dir besser gehen, ich gebe dir mein Wort. Sollte es dir nach der Transfusion schlecht gehen, das verspreche ich, bringe ich dich nach Hause. Und Papa, ich weiß nicht, ob du es verstanden hast, aber du hast wieder Wasser im Brustraum. Du wirst drainiert werden müssen.

Ich kann nicht mehr.

Mir ist klar, welche Überwindung dich das alles kostet. Aber ich bitte dich inständig, es auszuhalten.

Nein.

Papa, jetzt kommt der schwerste Teil des Weges. Aber er ist notwendig, er gehört zu deinem Menschsein dazu. Der Schmerz und der Überdruss. Wir gehen ihn mit, du gehst durch diese Tür nicht alleine, wir haben auch Schmerzen, uns tut auch der Körper weh, lähmt unseren Verstand, alles schmerzt, aber am Ende dieses Weges wartet ein Licht, eine Antwort, das weiß ich.

Ich kann nicht mehr.

Du kannst.

Es ist mein Leben und mein Körper.

Ja, es ist dein Körper. Aber es ist unser Leben.

*

Drachenblut nennt man das austretende Harz einiger Baumsorten, wie Palmen, Drachenbäume oder eines tropischen Wolfsmilchgewächses. Früher hat man das Harz getrocknet und gemahlen und zur Desinfektion auf Wunden geschmiert, bei Krankheiten eingenommen oder zum Rotfärben benutzt. Vaters Drachenblut ist ein flacher Beutel und obwohl man von roten Blutkörperchen spricht, hat das Blut eine braune Farbe. Am Bett meines Vaters sitzen außer mir noch seine Liebste und ein paar Freunde. Wir witzeln herum, dass Vaters Stimme durch das Spenderblut bereits anders klingt, außerdem verändere sich seine Hautfarbe. Wir amüsieren uns über die Vorstellung, dass mein Vater gleich wie Roberto Blanco aussehen und sprechen wird, Stimme und Haut also deutlich dunkler werden, dann aber meinen wir zu sehen, dass es ins Gegenteil umschlage, er werde immer weißer und, ja, kein Zweifel, Vater nimmt die Züge einer scharfen Blondine an, leider klingt seine Stimme auf einmal so grässlich dünn und schrill. Er nimmt uns das Albern nicht krumm und hält seinen Arm die ganze Zeit steif, bewegt sich insgesamt kaum und lässt es über sich ergehen. Er sagt, mit dem Krankenhaus sei es wie mit einem Kraken. Nähert man sich ihm, greift er mit seinen Tentakeln nach einem und lässt nicht mehr los. Er hat nicht ganz unrecht. Er bekommt außerdem noch Sauerstoff und wie immer nutze ich die Chance, lege mich zu ihm aufs Bett, nehme ihm den Stöpsel aus dem Gesicht und klemme mir das Teil an die Nase, bis ich das Gefühl bekomme, er röchelt zu sehr, dann stöpsele ich ihn wieder zurück an den Sauerstoff. Sauerstofftherapien bei Kosmetikerinnen sind nämlich unbezahlbar. Ein Arzt war da und teilte meinem Vater mit, dass sein Erguss diesmal an einer so ungünstigen Stelle sitze, dass man ihm den Schlauch nur operativ einsetzen könne. Um sein Rückenmark nicht zu verletzen, gehe man zusätzlich mit einer Kamera rein. Das sei alles sehr blöd, gab der Arzt zu und lobte meinen Vater für seinen Durchhaltewillen. Er selbst, der Oberarzt, werde den Eingriff vornehmen, Vater solle sich keine Sorgen machen. Am nächsten Morgen gehe ich zu meinem Vater ins Zimmer und sehe, dass er bereits behandelt worden ist, er ist aber nicht in der Lage zu sprechen, er hat Schmerzen, sein Blick verliert sich an der Decke durch halb geöffnete Augen. Wir hatten eine schöne Zeit zu Hause, unternahmen kleine Spaziergänge, mein Vater nahm sogar drei Pfund zu, obwohl ihm das Essen nichts mehr bedeutet, vor allem hat er sich von Tamara Sauerkirsch entliebt, sie ist ihm zu sauer, so dass er zum ersten Mal in seinem Leben Tamara in der Geschmacksrichtung Aprikose probierte, und dieses Mal war es zu süß, ja, es war alles in allem schön mit dem Vater zu Hause, haben zusammen geweint und gelacht und nun ist sie wieder da, diese sich zusammenziehende Qual, die wie eine Ziehharmonika funktioniert, in guten Tagen entspannt sich der Balg, lässt Luft rein, lässt Atmen zu und in schlechten Tagen zieht sich der Balg zu, quetscht die Lunge eitrig zu, ich ersticke. Ich kann das alles nicht mehr ansehen, weiß keinen Trost, mein Vater will es ohnehin nicht hören, ich drücke die Türklinke leise auf, gehe raus, schließe vorsichtig die Tür und nein, die Ziehharmonika bleibt fest zu, mir wird seltsam eng und unbequem in der Brust und ich denke noch, krieg jetzt bloß keinen Infarkt, und merke, wie mein Blut sinkt, aber irgendwie schießt das Blut wohl wieder zurück, ich bin auf einmal klitschnass, Schweiß strömt aus meinen Poren, ich rede nicht von Schwitzen, sondern von Nässe überall, schleppe mich zu einem Stuhl und bin auf einmal richtig müde, richtig, richtig müde. Mein Blick trifft auf den jungen Arzt, er fragt: Können wir mal reden?

Also reden wir. Der Tumor reagiere nicht auf die Therapie, die Zumutbarkeitsgrenze für meinen Vater sei erreicht. Der Arzt erzählt ausführlich, begründet, erklärt. Dann geht er. Ich bleibe sitzen.

*

Was bleibt? Eine goldene Uhr, die ich im Herzen trage, ihre Einheiten sind die Geschichten, die mir mein Vater erzählt hat, der sie von seinem Vater erzählt bekam, auch ich trage sie weiter und die nach mir kommen, werden es auch tun, und jeder von uns lässt etwas weg und dichtet ein klein wenig dazu, und nie im Leben glaube ich, dass der Großvater meines Vaters vor dem Sterben *Goodbye* gesagt hat. Er sprach außer Kurdisch keine andere Sprache, nicht einmal Türkisch, und auf einmal konnte er Englisch? Was bleibt? Wie werde ich es schaffen, die Krankenhausmomente aus meinen Erinnerungen an ihn herauszuhalten. Ein Leben nach dem Tod meines Vaters erscheint mir vollkommen absurd, wie soll das gehen, mit der Schmach des Todes weiterzuleben und vor allem das Leben noch ernst zu nehmen? Das Leben und der Tod, das ist eine an sich komische Angelegenheit, etwas, worüber man sich totlachen könnte, wenn es nicht so todtraurig wäre. All die Schmerzensliteratur, die es gibt und die man zitiert nicht erträgt, wenn man sich nicht auf dem gleichen Level der Traurigkeit befindet, bekommt im Moment der eigenen Traurigkeitsauflösung eine solche Wucht, eine solch monströse Kraft, man traut sich gar nicht mehr, ins Buchregal zu greifen. Kafkas Briefe kann man nicht lesen, wenn man nicht traurig ist, weil man denkt, mein Gott, nun übertreibe mal nicht, »Wenn Du vor mir stehst und mich ansiehst, was weißt Du von den Schmerzen, die in mir sind, und was weiß ich von den Deinen. Und wenn ich mich vor Dir niederwerfen würde und weinen und erzählen, was wüsstest Du von mir mehr als von der Hölle, wenn Dir jemand erzählt, sie ist heiß und fürchterlich …«, meine Güte, mach mal halblang, Kafka, ich zog dich nur zufällig heraus, und dann liest man es, nachdem man am Krankenbett seines Vaters saß und nicht mehr weiterwusste und meinte, die Hölle bereits betreten zu haben, man denkt sich Vaters Stimme dazu, »Was weißt Du von den Schmerzen, die in mir sind«, und will antworten: Nichts weiß ich, denn wie soll ich das Gleiche fühlen wie du und doch schaue ich dich nur einen Bruchteil einer Sekunde an, länger kann ich nicht, ich teile deinen Schmerz, Vater, ich teile deinen Schmerz und ich hoffe, das vergeht eines Tages wieder, denn wenn mein Vater heute hier stirbt, werde ich niemals mehr Kafka lesen können, weil es so wahr ist, präziser geht es gar nicht, aber das versteht man nur, wenn einem der Vater durch die Finger rieselt, unaufhörlich, es ist die Hölle, sie ist hier auf Erden, wer denkt, sie käme irgendwann später, hat völlig den Verstand verloren und was danach kommt, weiß ich nicht und deshalb – was bleibt? So leben wir seit Generationen, es ist eine solche Armseligkeit, in der wir uns befinden, wir haben keine Schlösser, keine Paläste, keine Bibliotheken, wir haben kein Tafelsilber, keine Tischwäsche, nichts, ich schwöre, als meine Großmutter starb, schickte man mir einen verbeulten Napf, aus dem sie Joghurt trank und von meiner verstorbenen Cousine habe ich ihre Armbanduhr, da haben wir's, endlich, eine Uhr, fast hätte ich es vergessen, sonst haben wir nichts, amüsieren uns seit Menschengedenken mit Anekdoten und dann geht die Kerze aus, Maus aufgegessen, mit Schildkröten in der Sonne gelegen, morgens als Kommunist aufgewacht, wir sind verdammt und verloren und ich zermartere mir das Gehirn, wie kann ich dem Ganzen ein Ende bereiten, ich bin jetzt selber so weit, ich will das Ende, aber ich denke eben immer auch ein Stück weiter und frage, was bleibt? Und vor allem, haben wir alles versucht?

*

Nun ist es so weit, mein Vater ist erfolglos austherapiert. Ich renne von Arzt zu Arzt und ernte überall die gleiche Ratlosigkeit und die Erkenntnis, dass es eine alltägliche Erfahrung von Onkologen ist, dass ein Patient mit anfänglich guter Prognose plötzlich und unerwartet stirbt und ein Patient mit schlechter Prognose eine Besserung erfährt, die allen Erwartungen widerspricht. Ich lerne, die Medizin ist eine Frage der Mathematik.

Du hast ein Medikament und wenn es sechs von zehn Patienten hilft, dann wird dieses Mittel fortan das Mittel sein, auf das man in der Therapie setzt. Von den anderen vier Patienten sterben zwei sofort, einer wird verlegt und der vierte liegt in seinem Zimmer, mittlerweile ist er Einzelzimmerkandidat, es ist die Todeszelle, denn wenn man den Tod jeden Moment erwartet, kriegt man zur Belohnung ein Einzelzimmer ohne Einzelzimmerzuschlag, der Patient weiß es noch nicht. Jede Minute, die mein Vater unwissend ist, vielleicht ahnt er was, das weiß ich natürlich nicht, haste ich durch das Krankenhaus, bis wirklich jeder Arzt weiß, in dem Einzelzimmer liegt ein Patient, dessen Tochter bittet und bettelt und immer wieder darauf hinweist, dass es doch sowieso egal sei, ob er die Operation überlebt, denn ohne wird er auch sterben und zwar ganz bald, und dann, endlich, verspricht jemand, das Thema in der Konferenz anzusprechen und am nächsten Tag gehe ich ins Krankenhaus und halte einen Zipfel irgendeines weißen Kittels in der Hand und erhalte die Antwort, mein Vater wird nicht operiert werden, denn das Risiko, dass er auf dem Operationstisch stirbt, ist groß. Das Herz ist auf einmal doch nicht stabil, der Tumor zu groß, mein Vater mit abgeschnittener Lunge nicht ausreichend mit Sauerstoff versorgt, es geht nicht, Bedauern, es geht nicht, alles Gute, er hat gekämpft, er war ein guter Patient, allen Ernstes, so spricht es aus dem Kittel, er war ein guter Patient, wir mochten ihn alle sehr und ich sehe bereits die Todesanzeige »Herr Kiyak war ein guter Patient – nun hat ihn der Herrgott für immer auf seine Station verlegt«.

*

Ich kann ihn nicht anrufen, denn wenn er sich zum Telefon beugt, spannt sich der Schlauch im Rücken und schmerzt, das Loch ist entzündet, ich kann ihm keine SMS senden, denn es gibt keinen Handyempfang im Zimmer und mit meinem Vater ist ein Kommunizieren über E-Mail oder SMS ohnehin nicht möglich. Zwar wurde mein Vater von der Gewerkschaft in einen Computerkurs geschickt und zeigte uns zu Hause stolz, was er gelernt hat, nämlich den Knopf einzuschalten und zu warten, bis die Benutzeroberfläche vollständig geladen war, um dann zu staunen. Auf diesem Stand ist er geblieben und hat nicht einmal eine Teilnahmeurkunde bekommen, denn so eine Kiste ist für meinen Vater nichts. Wenn ich ihm auf sein Mobilfunktelefon eine Kurznachricht sende, ruft er an, schreit aufgeregt hinein: Ich habe deine Nachricht erhalten und werde jetzt antworten, und legt auf. Nach einer Stunde ungefähr ruft er wieder an und teilt mit: Ich habe dir geantwortet, die Nachricht müsste dich bald erreichen. Am nächsten Morgen, schlafen kann man das nicht nennen, Tränen in den Augen, Augen zumachen, Tränen in den Augen, Augen aufmachen, die Morgen sind so still, die Vögel vor den Fenstern spielen keine Rolle mehr, die Radios sind seit Wochen ausgeschaltet, alles schmeckt nach Trauer, jedes Brötchen, jede Banane, selbst das Duschgel riecht traurig, die Hände gleiten lustlos und matt über den Körper, abtrocknen, anziehen, auf die Autobahn rausfahren, die Landstraße hinter einem im Schritttempo fahrenden Alten abzockeln, sich auf alles gefasst machen, sich innerlich vorbereiten, nimm es an, nimm es einfach an, den Auftrag, »die Stimmung Ihres Vaters nicht zu verändern, ich möchte nicht, dass Herr Kiyak sich mit Schauspielerei erschöpft«, jawohl, Herr Wächter, so haben Sie es gesprochen, so soll es sein, das Auto parken, das sagt sich so leicht, morgens sind alle Parkplätze belegt, denn dann kommen die ambulanten Chemopatienten, irgendeinen Bürgersteig okkupieren, rauf mit dem Auto, abschließen und den Weg, natürlich immer mit Körbchen am Arm, wie am ersten Tag, frische Wäsche, Kopfkissenbezüge, Handtücher, Blümchen, Buch, Mittagessen, Abendessen, irgendetwas, die Treppe hoch, der Griff zum Schalter, der automatisch die Tür öffnet, man hat das nach einiger Zeit raus und dann gleich die erste Tür links, mit dem Knöchel eine kleine Klopfbewegung an das Sterbezimmer, Eintritt, mein Vater hat die Augen geöffnet und noch bevor ich etwas sagen kann, krächzt er mit angeschlagener Stimme: Der Anästhesist war da, morgen früh um acht geht es los. Paff! Mensch, Papa, das ist ja eine Nachricht, was sagt man denn dazu? Der Vater versteht es selber alles nicht so genau, bei der Morgenvisite habe kein Arzt von einer geplanten Operation gesprochen, später kam der Anästhesist mit der Nachricht. Hast du ihn denn nicht gefragt, wie es dazu kam? Doch, antwortet der Vater matt, nachher kommt der Arzt und wird alles erklären. Ruh dich aus, sage ich, decke den Vater zu. Ich platze vor Stolz, denn offenbar hat mein Wahlkampf genützt, Vater hat genügend Stimmen bekommen, ich gehe raus in den Park, suche Stellen aus, wo man telefonieren kann, rufe alle und jeden wild durcheinander an: Morgen früh um acht wird der Vater operiert!

Die Aufregung macht Appetit, das späte Frühstück in der Krankenhauscafeteria schmeckt vorzüglich, gehe zurück zum Vater, er muss nüchtern bleiben, die Stunden schleppen sich dahin, mehrere Versuche, ein Gespräch mit einem Arzt zu erreichen, scheitern, das Personal wechselt, von einer Operation weiß die neue Schwester nichts. Doch, versichere ich, wir haben es selber erst vor ein paar Stunden erfahren, das Abendessen wird verteilt, der Stationsdrachen hat heute Dienst, reißt die Tür auf, stapft grob durch, als läge knietief Schnee, der Duft von frischen Gurkenscheiben weht in den Raum, Vaters Magen knurrt, wir schicken sie schnell weg. Gegen Abend paart sich die Aufregung mit einer gewissen Unruhe und ich halte es nicht aus, gehe zum Arztzimmer und reiße einfach die Tür auf. Der junge Arzt schaut erstaunt hoch und ich poltere los: Sie sitzen hier und wir warten seit Stunden darauf, dass jemand kommt und uns über die Operation aufklärt! Er führt mich rein, nein, er zieht mich hinein, macht die Tür zu und schaut, als hätte ich ihm ein unsittliches Angebot gemacht. Was dann folgt, ist so absurd, dass ich anschließend nur noch schreie: Sie werden jetzt mitkommen und es ihm selber sagen, was ist das hier eigentlich für eine beschissene Anstalt voller Idioten, können Sie mir das sagen, brülle ich und schaue ihm in die Augen, sagen Sie was, na los, sagen Sie was!

Wir gehen zu Vaters Zimmer, klopfen und treten ein. Papas Liebste, die nur Englisch spricht und kaum Deutsch versteht, ahnt es schon, doch weil sie aus anderem Holz geschnitzt ist als ich, geht ihre Wut nach innen, sie kriegt einen hochroten Kopf, der Arzt erklärt stammelnd: Herr Kiyak, das ist alles ein riesiges Missverständnis. Wir vergaßen, Sie vom Operationsplan zu streichen, deshalb kam der Anästhesist zu Ihnen, er konnte nicht wissen, dass … Er spricht nicht mehr weiter. Was sollte er auch schon sagen.

Am nächsten Morgen ist an Arbeit nicht mehr zu denken. Ich mache mich auf den Weg ins Krankenhaus. Papas Liebste hielt es nicht aus, sie fuhr mit der S-Bahn vor, ich verstehe das, sie will ihre eigenen Momente mit ihm haben, dass er überhaupt noch lebt, denke ich oft, hat sicher viel mit ihr zu tun. Ich steige in das Auto, fahre los und denke: *via dolorosa*.

Im Krankenzimmer angekommen, erwartet mich bereits die nächste Nachricht. Papa ist gefragt worden, ob er einer Operation zustimmen würde. Am Morgen bei der Visite ist er darüber informiert worden, dass auf den neuen Röntgenbildern deutlich zu sehen sei, dass der Tumor sich verkleinert habe, jetzt also doch. Man könne ihn klar im rechten dritten Lungenunterlappen verorten, kurzum: Man will es wagen. Allerdings, es gebe keine Zeit zu verlieren, Vater darf kein Fieber bekommen, muss nüchtern bleiben, der Anästhesist werde am Vorabend der Operation kommen, die Risiken seien hoch, vor allem das Herz, die Lunge, das Atemvolumen, später könne man noch einmal in Ruhe reden, mir dreht es sich im Kreise. Vater beendet seinen Bericht, ist aufgelöst und fragt: Was sagst du? Kann man denen noch trauen?

Ich gehe aus dem Zimmer, und wie es der Zufall will, das Wochenende steht bevor, man trifft normalerweise am Freitag keine Ärzte auf der Treppe an, laufe ich der Chefärztin über den Weg und halte sie an: Ich weiß nicht, ob Sie wissen, was in Ihrem Laden hier vor sich geht. Sie schaut hektisch und gestresst. Sie müsse dringend in den OP. Ich erwidere: Hier muss ständig jemand in den OP, mein Vater wird seit drei Tagen auf eine Operation vorbereitet, die nie stattfindet, finden Sie das gut? Ich muss in den OP, sagt die Chefärztin, ich verspreche, ich komme nachher zu Ihnen rein. Wissen Sie, dass wir seit drei Tagen darauf warten, dass jemand kommt und mit uns redet, stattdessen liegt mein Vater im Sterbezimmer, hungert sich weiter runter, weil angeblich immer operiert werden soll und er nüchtern bleiben muss, das Wochenende beginnt gleich und Sie wollen mir erzählen, Sie schauen nachher bei uns vorbei? Was muss man hier machen, damit man erhört wird? Eine Bombe werfen? Sie schaut mich an und sagt: Ich gebe Ihnen mein Wort, dass ich kommen werde, in einer Stunde. Ich antworte: Ich gebe Ihnen mein Wort, dass ich hier auf Sie warte! Ich stelle mich vor die Tür vom OP, durch die sie zu gehen Anstalten macht, und es ist nicht so dahergesagt, ich stehe und warte, Menschen kommen, Menschen gehen, ich gehe nicht weg, ich bleibe wie angewurzelt stehen, die Zeit vergeht für mich ganz schnell, wie eine Sekunde, ich bin so wahnsinnig, dass mein Zeitgefühl gestört ist, die Tür geht auf und sie kommt und ich gehe vor und höre, wie sie sagt: Es tut mir leid, wir sind manchmal wie in einem Tunnel. Da drehe ich mich um, zeige auf Vaters Tür und sage: Da drinnen liegt der Mensch, der diesen Satz braucht.

Wir treten ein, die Chefärztin gibt meinem Vater die Hand, nennt ihren Namen und stellt sich mit dem Rücken an die Wand:

Herr Kiyak, ich bin die Chefärztin in diesem Krankenhaus. Ihre Tochter hat mir erzählt, was geschehen ist. Ich möchte mich bei Ihnen persönlich entschuldigen, für das, was geschehen ist. Ich habe mich eben im Operationssaal erkundigt. Wir haben am Montag zwei kleine Operationen und dann möchten wir Sie operieren. Dieses Mal habe ich einen Blick auf die Sache. Sie werden vom Oberarzt operiert, ich werde immer wieder dazukommen und ihm über die Schulter schauen. Es gibt ein erhöhtes Risiko, dass das Herz auf dem Operationstisch nicht mitspielt. Aber ich glaube daran, dass alles gut geht. Wenn nicht, würde ich einer Operation nicht zustimmen. Ich würde sagen, wir wagen das jetzt! Ehrlich gesagt, sind unsere Möglichkeiten bei Ihnen auch nicht mehr so üppig. Und Sie, was wollen Sie?

Ich wollte von Anfang an lieber operiert werden. Ich möchte das nicht mehr in mir haben.

Am Montag sehe ich Sie auf dem Operationstisch. Haben Sie Fragen an mich?

Danke, dass Sie gekommen sind. Mein Herz wird nicht stehen bleiben.

*

Die bei einer Unterlappenresektion üblicherweise vorausgesagten drei Stunden sind längst um. Herr Wächter ist gekommen und hat sich gesetzt. Wir schweigen. Er war zwischendurch im Operationssaal und hat sich erkundigt. Es werde noch mindestens eineinhalb Stunden dauern. Es sei ein verwucherter Tumor. Papas Liebste läuft Treppenstufen auf und ab. Ich meine, körperlich spüren zu können, wie mein Vater kämpft. Ich will ihm Energie schicken. Dazu muss ich an die Wand gelehnt bleiben, aber die Tür geht immer auf. Ich traue mich nicht weg, weil ich denke, in dem Moment, in dem ich gehe, bricht der Energietransfer ab. Herr Wächter reagiert verständnisvoll und teilt mir mit, dass ich an der falschen Wand stehe. Die Wand, hinter der mein Vater liege, sei eine Etage tiefer, direkt im Treppenhaus. Ich lasse mir die Wand zeigen. Gut, dann setze ich mich hier hin, sage ich. Ich lege mein Gesicht zwischen meine Knie, denn wenn ich das nicht mache, werde ich von an mir vorbeisteigenden Menschen gegrüßt, die Treppe, auf der ich sitze, ist eine viel frequentierte Treppe, aber glücklicherweise wird sie heute nur selten benutzt.

Ich halte meinen Kopf zwischen den Beinen und versuche, meine rechte Schulter nicht von der Wand zu lösen. Nun habe ich eine Verbindung geschaffen und die dicke Wand zwischen mir und dem Operationsraum überwunden. Meine Augen sind geschlossen. Ich sehe den Operationstisch. Ich sehe, wie die vierte und fünfte Rippe gespreizt und auseinandergeschoben werden, um an den rechten Lungenflügel heranzukommen. Während rechts operiert wird, beatmet der Anästhesist den linken Lungenflügel. Der hat im Gegensatz zur anderen Seite nur zwei Lappen. Sie flattern gleichmäßig auf und ab. Ich sehe Vaters Brustkorb, wie er sich senkt und hebt. Jemand beugt sich zu mir herunter: Frau Kiyak, es wird alles gut, hören

Sie? Ich mache mit einer Armbewegung eine abweisende Geste, die sagen soll, dass ich jetzt allein gelassen werden muss, da meine mühsam aufgebaute Verbindung abzubrechen droht. Ich meditiere mich zurück in den Operationssaal. Es ist ein grünes Bild. Grüne Hosen, grüne Operationstücher, keine Musik, der Operationstisch ist in der Mitte, eine große Lampe beleuchtet Vaters offene Brust. Oben drüber, über allem, schwebt wie ein zartes Tuch im Wind Vaters Seele, ja, ich kann sie sehen, wie sie ungeschützt und transparent im Raum fliegt, jederzeit bereit, durch ein Tor zu gehen und durch ein anderes Tor als Käfer, Grashalm oder Sonnenlicht zurückzukommen, denn das Menschenleben ist dem Gras, dem Licht, allen Lebewesen auf der Erde gleichwertig, da oben im grünen Licht schimmert mein Vater wie ein Molekül neben vielen anderen, ich bin jetzt mühelos drüben im Raum bei ihm angekommen und fange an, im Takt seines sich hebenden und senkenden Brustkorbs zu atmen, ich bleibe im Hintergrund, denn ich will nicht stören, die Wand an meiner Schulter ist jetzt auf der anderen Seite, mein Körper ist noch drüben im Treppenhaus, aber ich bin im Operationssaal, niemand kann mich vertreiben, hier ist mein Platz, ich wage mich ein bisschen näher vor und sehe das schlagende Herz meines Vaters, »Halte durch, halte durch«, denke ich zu ihm, die Ärzte greifen immer wieder nach dem Tablett mit den sterilisierten Instrumenten, mittlerweile sind sechs Stunden vergangen. »Gleich hast du es geschafft, Papa. Nur noch ausstempeln. Noch kurz duschen. Jetzt musst du auf das Fahrrad, gleichmäßig treten. Papa. Gleich bist du da.«

*

Du warst drei Monate alt, als ich deinen Namen rief und du den Kopf gehoben hast. Wie ein Hühnchen, das aus seinem Käfig guckt, hast du aus deinem Bettchen geschaut. Ich probierte es immer wieder, so sehr gefiel es mir. Du bist mein erstes Kind. Diese Gefühle kann und möchte ich dir nicht beschreiben. Worte würden es zerstören. Du warst sehr süß. Du bist eigentlich immer noch sehr süß, wenn du nicht gerade mit mir schimpfst. Das hast du von mir. Ganz lange nichts sagen, und dann wird es umso schlimmer. Vergleiche ich dein Schimpfen und meines, dann ist deins schlimmer, zerstörerischer. Du warst ein sehr kluges Kind. Du hast recht, so ein Satz ist albern. Alle Eltern sagen das über ihr Kind. Also vergiss den Satz mit der Klugheit, das sollen andere entscheiden.

Wir haben dir große Angst gemacht. Weil du ein schlechter Esser warst, haben wir so viel Firlefanz mit der Fütterei veranstaltet, dass du schon das Gesicht runzeltest, wenn wir uns mit dem Löffelchen näherten. Fast zwei Jahrzehnte hat es gedauert, bis du mit Vergnügen essen konntest. Das freut mich sehr. Ich mag, was du für mich kochst. Dieser Braten, den du machst, ist das französisch? Burgunderbraten? Und Gulasch, aus Ungarn? Das esse ich auch sehr gerne. Rinderrouladen, sehr gut. Christstollen, Käsekuchen, wenn du das machst, esse ich es gerne.

Wir machten noch einen Fehler. Du kamst auf die Welt und die Schwestern deiner Mutter wollten unbedingt, dass wir sofort kommen. Du warst ihre erste Nichte, das erste Kind. Wir nahmen das Flugzeug nach Istanbul, und damit du nicht krank wurdest, fuhren wir statt mit dem Bus mit der Eisenbahn weiter. Wir nahmen ein Liegewagenabteil, weil wir wollten, dass du es so bequem wie möglich hast. Der Zug hatte eine Panne, wir mussten oft halten. Statt einer schnellen kurzen Reise wurde es eine sehr lange und strapaziöse Fahrt. Für den Rest mussten wir den Bus nehmen. Du warst ein kleines Baby, konntest noch nicht laufen. Ich wollte eigentlich, dass wir noch ein Jahr warten, das Klima, verunreinigtes Wasser, ich machte mir Sorgen, aber am Ende fügte ich mich den Wünschen der Familie. Man fuhr in die Heimat, blieb drei Tage bei der einen Schwester, dann drei Tage beim Bruder und so fort. Man versuchte, sich immer gerecht aufzuteilen. Trotzdem gab es immer Unzufriedenheit, die Urlaubstage waren kurz, die Familie groß, immer hatte irgendwer das Gefühl, dass man woanders länger und lieber geblieben sei. Wir hatten gerade Quartier bei deiner Tante Uriel bezogen, als du Durchfall bekamst. An einem Tag war es besonders schlimm und wir waren deshalb dreimal beim Arzt. Am Abend, dein Fieber stieg, hast du dich übergeben. Du lagst im Wohnzimmer. Wir hatten seit Tagen nicht geschlafen und hielten Wache. Auf einmal stieß deine Tante Uriel mit ihrem Fuß an Hadschi Turan, der auf dem Teppich eingeschlafen war: Hadschi, steh auf, sie ist tot! Hadschi Turan schoss in die Höhe und versuchte vor Schreck, in die Hose seines kleinen Sohnes zu steigen. Auch deine Mutter taumelte vor Schreck. Du warst am ganzen Körper schwarz angelaufen. Ich nahm dich hoch, rannte hinaus bis zur Straße, um ein Auto anzuhalten. Zufällig kam ein Lastwagen vorbei, ich fuchtelte mit einem Arm, im anderen Arm lagst ja du, ich schrie. Der Laster hielt an. Es waren politisch gefährliche Zeiten in der Osttürkei, niemand hielt nach Sonnenuntergang gerne an, weil man nie wissen konnte, um wen es sich bei dem Anhalter handelt. Ein Polizist, ein Terrorist? Das Fahrzeug hielt an, ich schrie: ins Krankenhaus, ins Krankenhaus! Steig auf, rief er, hinten auf der offenen Ladefläche transportierte er Stroh, ich hob dich auf die Fläche und setzte mich zu dir. Der Lastwagen rumpelte über die Schlaglöcher, ich massierte deinen Körper, damit du durchblutet bist. Ich sah noch, dass der Rest der Familie hinter dem Laster herrannte. Jemand schrie, kehre um, lass sie in Ruhe sterben, lass das arme Kind in Ruhe sterben! Der Lastwagen fuhr langsamer, ich schrie: Fahr weiter, fahr weiter, sie ist nicht tot, sie lebt, los, gib Gas! Wer war es noch gleich? Ich glaube, es war der Sohn von Selahattin, der mit einem Auto den Laster einholte und hupend auf sich aufmerksam machte. Durch das Autofenster rief er: Steig um, ich fahre euch. Im Auto saßen deine Mutter und Tante Uriel. Ich stieg mit dir um und er raste mit uns ins Krankenhaus. Dort arbeitete eine Kinderärztin, die in Deutschland praktiziert hatte. Sie sagte, man könne nicht mehr viel tun. Ich bat sie, mir einen Ambulanzwagen und Fahrer zur Verfügung zu stellen, damit ich mit dir nach Elazığ konnte. Elazığ lag ungefähr 150 Kilometer entfernt. Sie fragte, in welchem Verhältnis stehen Sie zu dem Kind? Ich sagte: Sie ist meine Tochter.

Sie drehte sich zu deiner Tante Uriel um und fragte: Darf ich kurz mit Ihnen reden? Ich ging dazwischen: Das kommt überhaupt nicht in Frage, Sie reden mit mir! Die Ärztin fing wieder an: Glauben Sie mir, das ergibt keinen Sinn. Ich würde diesem Baby jetzt gerne ermöglichen, friedlich einzuschlafen. Ich sagte: Ich bin ein geduldiger Mensch, eines aber werde ich nicht abwarten – den Tod meiner Tochter. Sie sagte: Das führt zu nichts. Ich flehe Sie an, bettelte ich, geben Sie mir einen Fahrer und einen Ambulanzwagen. Ich bezahle alles, hier schauen Sie, hier ist das Geld. Na gut, seufzte sie. Sie zog eine Spritze auf, ich weiß nicht mit was, stach damit in einen Infusionsbeutel und jedenfalls gab es dir den Rest. Es war, als würdest du endgültig erlöschen. Die Ambulanz kam, wir fuhren los, mitten durch die nächtlichen Gefechte, die Kugeln flogen nur so herum. Wir hatten für den Tropf keine Halterung. Stundenlang hielten deine Mutter und deine Tante den Beutel hoch, zusammengequetscht saßen wir zu dritt hinten im Wagen bei dir. Dein Körper kühlte ab, es gab keine Decke, keine Wärmflasche, wir wärmten dich mit unseren Körpern. Die Ärztin hatte dir den Tropf am Fußknöchel angesteckt und gab uns die Anweisung, die Nadel herauszuziehen, falls der Fuß anschwelle, und an einer anderen Stelle wieder reinzustechen. Sie gab uns einen Wattebausch mit Alkohol mit, den wir in einer Plastiktüte feucht hielten, um die Nadel damit zu desinfizieren. Es gab keine gute Straße zwischen Bingöl und Elazığ, der Wagen rumpelte von Schlagloch zu Schlagloch, ich weiß nicht, wie und wann wir ankamen, aber es war eine scheußliche Fahrt. Deine Mama hatte dich aufgegeben, ihr Blick war der einer Mutter, die ihr Kind bereits verloren hat. Deine Tante Uriel nahm ihrer Natur entsprechend den Kampf gegen den Tod persönlich auf und scheuchte ihn mit Flüchen weg. Sie murmelte die ganze Zeit: Verdammter Tod, der Teufel soll dir Arme und Beine amputieren, ich scheiße dir ins Gesicht, wage ja nicht, dich uns zu nähern. Dann wieder säuselte sie auf Gott ein: Herrgott im Himmel, dein Antlitz will ich küssen, habe Gnade mit uns, nimm lieber eins von meinen Kindern, lasse meinem Bruder sein Kind, er lebt in der Fremde, ich flehe dich an, ich opfere dir meinen Sohn, hilf und steh uns bei.

Wir kamen nachts um zwei Uhr in Elazığ an. Im Bingöler Krankenhaus hatte die Ärztin uns die Adresse eines privaten Kinderarztes gegeben. Wir klingelten an seiner Tür, er öffnete nicht. Das war nicht ungewöhnlich. Man öffnete nicht. Durch die geschlossene Tür riefen wir: Aus Bingöl sind wir und haben ein krankes Kind dabei. Der Arzt antwortete durch die Tür: Kommen Sie morgen früh in meine Praxis, heute Nacht werde ich nicht öffnen. Aus heutiger Sicht verstehe ich das. Die Menschen hatten Angst, es war eine Zeit, in der Leute einfach verschwanden. Es konnte sein, dass Terroristen in dein Haus kamen, dich zwangen, sie zu versorgen, ein Nachbar sah das, verriet dich bei der Gendarmerie und tags darauf wurdest du abgeholt. Der Arzt war zu Recht misstrauisch, aber damals dachte ich, dass ich verrückt werde. Durch die Tür nannte uns der Arzt die Adresse seines Kollegen. Wir fuhren hin, wieder das Gleiche, verschlossene Tür. Ich nahm dich aus dem Wagen raus und sagte dem Arzt, was Sie hier hören, tok, tok, tok, ist das Köpfchen meiner Tochter, das ich gegen die Tür hämmere. Wenn Sie die Tür einen Spalt öffnen, sehen Sie den Kopf meiner Tochter, strecken Sie die Finger raus, Sie werden ihre Haare fühlen, ich sage die Wahrheit, vor Ihrer Tür stehen verzweifelte Eltern – er öffnete nicht. Wir waren gezwungen, in ein staatliches Krankenhaus zu fahren. Dort gab es keine Krankenschwester, keinen Arzt, wir setzten uns auf einen Platz und warteten bis zum Morgen. Gegen acht Uhr kam ein Arzt, ich lief zu ihm hin, erklärte ihm den Fall, er sagte: In diesem Krankenhaus wird man für Ihr Kind nichts tun können. Ich habe eine kleine Privatpraxis, bringen Sie mir das Kind dorthin. Ich komme gleich nach. Als ich zurück auf die Station kam, hatte dich jemand weggenommen. Ich fragte herum und fand dich in der Obhut einer Schwester. Ich sagte: Geben Sie mir meine Tochter, wir fahren weiter. Nein, sagte die Schwester, das ist verantwortungslos, das Leben des Patienten ist ernsthaft in Gefahr. Ich sagte: Geben Sie mir den Patienten zurück! Die Schwester daraufhin barsch: Sie müssen sich erst ordentlich abmelden, ich bringe Ihnen später die nötigen Formulare. Ich verlor die Nerven und schnauzte sie an: Wir warten seit Stunden auf einen Arzt, es hat sich niemand für die Ordnungsmäßigkeit unseres Kommens interessiert, aber jetzt sind Sie daran interessiert, dass wir ordnungsgemäß abhauen? Ich sage Ihnen gleich, was ich mit Ihrem Formular anstellen werde, und riss dich aus ihren Armen. Wenn wir die Möglichkeit gehabt hätten, hätten wir dich mit einem Flugzeug nach Izmir oder Ankara geflogen, es gab aber damals keine Flugzeuge und noch eine Fahrt mit dem Auto hättest du nicht mehr geschafft. Wir fuhren zu den privaten Untersuchungsräumen des Arztes. Er nahm dich auf den Arm und sagte: Es sieht nicht gut aus, wir könnten ihr einen ruhigen und schmerzlosen Tod ermöglichen, aber andererseits, ist Hoffnung nicht für Fälle wie diese erfunden worden? Das erste Mal seit deiner Krankheit überließ ich dich einem Arzt und verließ den Raum. Draußen lief ich Runden über Runden. Hin und wieder traf ich auf dem Gang deinen Arzt, immer schüttelte er den Kopf. Einmal bat ich darum, dich sehen zu dürfen. Nein, sagte er, das wirst du nicht aushalten. Doch, ich halte das aus, Herr Doktor, versprach ich. Na gut, sagte der Arzt und nahm mich mit in den Behandlungsraum. In deinen Kopf steckten Schläuche, wie eine Tonne hast du ausgesehen, du warst um das Dreifache aufgedunsen, ich sagte: Ich habe mich geirrt, ich halte es doch nicht aus, und ging raus. Im Foyer des Krankenhauses rief ich aus der Telefonkabine bei jemandem in Bingöl an, der ein Telefon hatte. Manche aus unserer Familie waren bereits dort und warteten auf Nachricht. Sofort hörte ich: Kommt zurück, wir haben das Begräbnis vorbereitet, ihr seid jung, ihr könnt noch viele Kinder haben. Ich legte auf. Am zweiten Tag rief ich erneut an, jemand sagte: Wir haben ihr ein wunderschönes, schattiges Plätzchen ausgesucht, kommt zurück, ihr werdet es überwinden, ihr seid nicht die Einzigen, die

Kinder verlieren, der Mensch kann viel aushalten. Wieder legte ich auf.

Zwar waren wir zu dritt in der Klinik, aber wir konnten nicht miteinander reden. Manchmal schlief einer von uns mit dem Kopf gegen die Wand gelehnt ein, manchmal ging einer raus auf die Straße und holte Trinkwasser. Wir wussten nichts zu sagen. Angst macht stumm. Eines Nachmittags, es war fünf Uhr, ich schaute in Gedanken versunken aus dem Fenster der Klinik, spürte ich einen harten Schlag im Nacken, der mich aufschreckte. Es war die Hand des Arztes: Glückwunsch, mein Freund! Ich schaute ihn an, er strahlte über das ganze Gesicht. Ich rannte zu dir ins Behandlungszimmer und blieb auf der Schwelle stehen. Du lagst seitlich, unsere Blicke trafen sich. Durch die vielen Schläuche in deinem Gesicht konnte ich nur deine Augen sehen. Es gab keinen Zweifel, du hieltest Ausschau nach mir. Mein Hühnchen.

Der Arzt sagte: Macht jetzt alles so, wie ich es sage. Bleibt noch ein, zwei Tage hier und am Abend, wenn es abgekühlt ist, tretet ihr die Rückreise nach Bingöl an. Mittlerweile hatten wir uns in eine Pension einquartiert. Dort saß ich auf dem Balkon unseres Zimmers und schaute hinunter. Was glaubst du, wen ich sah? Es war dein Lieblingsonkel, mein Bruder Arif. Hee, schrie ich, hier oben! Hee, schrie Arif hoch, seit zwei Tagen sind wir in Elazığ und suchen euch! Was machst du hier, rief ich runter. Wir sind hier, um den Leichnam abholen, sagte er betrübt. Ist gut, rief ich, ich komme runter und zeige euch die Leiche.

Wieso eigentlich wir, fragte ich unten auf der Straße meinen Bruder. Weißt du es denn nicht, fragte er erstaunt. Die sind alle auf dem Weg nach Elazığ. Wir sind hier, um euch nach Bingöl zu begleiten, er schaute traurig. In Bingöl ist alles für die Bestattung vorbereitet. Danke, sagte ich, und lachte und umarmte ihn. Mein jüngster Bruder, Arif, ließ es geschehen, er dachte wohl, ich hätte sie nicht mehr alle. Wir gingen ins Krankenhaus. An der Tür, hinter der du lagst, blieb ich stehen. Ich sagte: Hör zu, kleiner Bruder, wenn ich diese Tür öffne, wird meine Tochter mir in die Augen schauen. Arif fing an zu weinen. Er sagte: Ist gut, Abi, ist gut. Ich öffnete die Tür einen Spalt, nur so viel, dass wir reingucken konnten, direkt auf den Behandlungstisch. Man sah die Schläuche, die aus deinem Mund und deiner Nase hingen. Durch die Schädeldecke floss eine Infusion. Deine Augen waren frei geblieben. Du lagst auf der Seite. Dein Blick und mein Blick trafen sich. Leise zog ich die Tür wieder zu. Ich sah meinen kleinen Bruder an und sagte: Arif, da drinnen liegt meine Tochter und lebt. Glaubtest du ernsthaft, dass ich den Tod meines Kindes abwarte?